I0868413

Büsra Ela

Welche wirtschaftlichen und rechtlichen Folgen hatte die Flüchtlingskrise für Europa?

Eine kritische Analyse des Gemeinsamen europäischen Asylsystems (GEAS)

Bibliografische Information der Deutschen Nationalbibliothek:

Die Deutsche Nationalbibliothek verzeichnet diese Publikation in der Deutschen Nationalbibliografie; detaillierte bibliografische Daten sind im Internet über http://dnb.d-nb.de abrufbar.

Impressum:

Ein Imprint der Open Publishing GmbH

Druck und Bindung: Books on Demand GmbH, Norderstedt, Germany

Coverbild: Open Publishing

Inhaltsverzeichnis

Abkürzungsverzeichnis

Abs.	Absatz
AEUV	Vertrag über die Arbeitsweise der Europäischen Union
Alt.	Alternative
Art.	Artikel
d.h.	das heißt
Etc.	et cetera
EGMR	Europäische Gerichtshof für Menschenrechte
EMRK	Konvention zum Schutz der Menschenrechte und Grundrechte-Europäische Menschenrechtskonvention
EUV	Vertrag über die Europäische Union
e.V.	eingetragener Verein
ff.	folgende (Plural)
GFK	Genfer Flüchtlingskonvention
GG	Grundgesetz
Grunds.	grundsätzlich
Hg.	Herausgeber
Hs.	Halbsatz
Insb.	Insbesondere
i.S.	im Sinne
MFR	Mehrjähriger Finanzrahmen
MS	Mitgliedstaaten
o. J.	ohne Jahr
QLR	Qualifikationsrichtlinie
Rn.	Randnummer
u.a.	unter Anderem
Var.	Variante
Vgl.	Vergleich
z.B.	zum Beispiel

Abbildungsverzeichnis

Tabellenverzeichnis

1 Einleitung

Weltweit ist Ende 2016 von etwa 65,6 Millionen Menschen die Rede, die vor Krieg, Konflikten und Verfolgung fliehen, die Zahl ist mit 22,5 Millionen höher als jemals zuvor.[1] Seit spätestens Sommer 2015 ist die Flüchtlingskrise in Europa in aller Munde, der Ausbruch des Bürgerkriegs in Syrien hat 2015 rund 1,3 Millionen Menschen dazu bewegt in Europa Schutz zu suchen. Dieser Bruchteil von den weltweit flüchtenden Menschen, sorgt für die größte humanitäre Herausforderung der europäischen Union.

Binnen- und Fluchtmigration prägen seit Jahrhunderten die Geschichte Europas. Die Notwendigkeit, politisch Verfolgten Flüchtlingen rechtlichen Schutz zu gewähren wurde schon im Zuge des zweiten Weltkrieges festgestellt. Mit der Genfer Flüchtlingskonvention vom 28. Juli 1951 wurde diese Feststellung in die Tat umgesetzt. Inzwischen haben sich 147 Staaten weltweit durch die Genfer Flüchtlingskonvention, darunter auch Deutschland, international zur Gewährung von Asyl verpflichtet.[2] In Europa wurden auch aufgrund der hohen Flüchtlingszahlen Forderungen nach einer Harmonisierung des Asylrechts gestellt. Mit dem Schengener Abkommen und dem Dublin Abkommen wurden die ersten Schritte gemacht. Mit dem Ziel *„immer enger“* zu werden, gestaltete die europäische Union 1999 das „Gemeinsame europäische Asylsystem“. Das GEAS hat das Ziel wesentliche Unterschiede bei der Behandlung von Asylbewerbern innerhalb der EU zu beseitigen, damit die Mitgliedstaaten nicht zu ungleichmäßig belastet werden.[3]

Im Zuge der Flüchtlingskrise wurden die für die EU wichtigen Vereinbarungen, wie das Schengen-Abkommen und Dublin-Abkommen verletzt. Das GEAS und sein Ziel, wurden oft in Frage gestellt. Seit der jüngsten Flüchtlingskrise schwankt auch die Haltung der einzelnen Mitgliedstaaten gegenüber der Aufnahme von Asylsuchenden stark zwischen offenen Grenzen und Abschottung. Deutschland gilt seit Anfang der Krise zu den wichtigsten Aufnahmeländern.

Die vorliegende Arbeit, soll die wirtschaftlichen und rechtlichen Folgen für Europa, die die Flüchtlingskrise mit sich gebracht hat durchleuchten. Aufgrund der Neuheit dieser Problematik, werden die wirtschaftlichen Folgen überwiegend mit Prognosen untersucht. Ziel ist es zu untersuchen, inwieweit das GEAS als Antwort auf die

---

1 Vgl. UNHCR, Statistiken

2 Vgl. Bundeszentrale für politische Bildung, 60 Jahre Genfer Flüchtlingskonvention

3 Vgl. Pöptcheva, Stuchlik, Arbeit und Sozialhilfe für Asylbewerber und Flüchtlinge S. 4

Flüchtlingsproblematik dienen konnte. Der Schwerpunkt wird dabei auf die Anerkennungs- und Qualifikationsrichtlinie gesetzt, die ist im GEAS verankert und gilt als das Kern der europäischen Flüchtlingspolitik. Diese Richtlinie hat die Besonderheit, dass sie über dem Flüchtlingsbegriff des GFK, noch den „subsidiären Schutzstatus" enthaltet. Diese beiden Schutzarten sollen jedoch wesentlich gleichbehandelt werden und somit soll in den Mitgliedstaaten die Sekundärmigration eingedämmt werden.[4] Welchen Beitrag die Richtlinie der Flüchtlingsproblematik geleistet hat, wird in dieser Arbeit mit der Forschungsfrage aufgegriffen:

„Hat die Qualifikationsrichtlinie ihr Ziel der Gleichbehandlung der beiden Schutzgruppen erreicht, und welche Folgen bringt die Richtlinie mit sich?"

Zu allererst wird nach der Einleitung in Kapitel 2 ein Überblick über die wesentlichen Begrifflichkeiten gegeben. Darauf folgend wird im dritten Kapitel auf die Entwicklung der Flüchtlingskrise eingegangen. Hierauf aufbauend werden die Fluchtursachen und die wichtigsten Herkunftsländer vorgestellt. Mithin werden die Fluchtbekämpfungsmaßnahmen und die Kosten dafür dargestellt. Anschließend werden die wirtschaftlichen Folgen der Flüchtlingskrise vorgestellt.

Im vierten Kapitel werden auf die wichtigsten Grundlagen des Flüchtlingsrechts eingegangen, darauf basierend wird auf das europäische Flüchtlingsrecht Bezug genommen. Anschließend wird das „Gemeinsame europäische Asylsystem" vorgestellt und der Schwerpunkt der Arbeit „Die Anerkennungs-und Qualifikationsrichtlinie" näher beleuchtet. Anschließend werden die Schwächen des europäischen Asylsystems kurz angesprochen und praktische Hinweise gegeben.

Der Hauptteil der Thesis befasst sich damit, die Umsetzung der Anerkennungs- und Qualifikationsrichtlinie in den europäischen Mitgliedstaaten zu Vergleichen. Dies dient dem Zweck, zu beantworten inwiefern die Richtlinie ihr Ziel erreichen konnte, daraus werden anschließend die rechtlichen und wirtschaftlichen Folgen festgestellt. Im sechsten Kapitel folgt ein Fazit, in dem die Arbeit zusammengefasst, die Forschungsfrage beantwortet und Lösungen vorgeschlagen werden. Zum Schluss folgt eine kritische Würdigung.

[4] Vgl. Marx, Handbuch zur Qualifikationsrichtlinie, S. 32

2 Grundlegende Begriffe

Bevor im Einzelnen auf die Thematik der Arbeit eingegangen wird, soll begriffliche Klarheit geschaffen werden, die für das Verständnis der vorliegenden Arbeit notwendig ist. Dabei geht es weniger um sprachliche Präzision, als um eine eindeutige Erfassung verschiedener Personengruppen. Das ist von Bedeutung, weil die Rechte dieser Personengruppen unterschiedlich sind. Grundsätzlich werden zwei Gründe unterschieden, auf denen die Gewährung von Schutz für Ausländer beruhen kann: erstens die Flüchtlingseigenschaft und zweitens der „subsidiäre Schutz"[5]. Die Flüchtlingseigenschaft deckt sich weitgehend mit dem des Asylberechtigten, daher werden im Folgenden Asyl und der Asylberechtigte detailliert definiert. Weiterhin ist auch von einem Schutz aus humanitären Gründen zu sprechen, dieser wird national geregelt. Daneben werden noch kurz die Begrifflichkeiten „Ratifizierung", „Drittstaat" und „sicherer Drittstaat" erläutert.

2.1 Flüchtlingsbegriff

Flüchtling im Sinne der GFK ist nach Art. 1 A Nr. 2 der Konvention eine Person, die

> " [...] aus der begründeten Furcht vor Verfolgung wegen ihrer Rasse, Religion, Nationalität, Zugehörigkeit zu einer bestimmten sozialen Gruppe oder wegen ihrer politischen Überzeugung sich außerhalb des Landes befindet, dessen Staatsangehörigkeit sie besitzt, und den Schutz dieses Landes nicht in Anspruch nehmen kann oder wegen dieser Befürchtungen nicht in Anspruch nehmen will [...] "[6].

2.2 Aufenthaltserlaubnis aus Humanitären Gründen

Aufenthaltserlaubnis aus humanitären Gründen wird auf der Grundlage des nationalen Rechts vergeben, im Gegensatz zu den oben genannten Schutzgründen. Diese schließt Personen ein, die nicht für internationalen Schutz in Betracht kommen, aber allein aufgrund von Verpflichtungen, die allen Mitgliedstaaten nach Maßgabe internationaler Flüchtlings- oder Menschenrechtsinstrumentarien bzw. der sich aus diesen Instrumentarien ergebenden Grundsätze obliegen, vor Abschiebung geschützt sind. Das können zum Beispiel gesundheitliche Gründe, aber auch besondere familiäre Verhältnisse sein.[7]

---

5 Siehe hierzu 4.4.2.1

6 Art.1 A Nr.2 GFK

7 Vgl. Eurostat, Pressemitteilung 70/2017 v. 26. April 2017

2.3 Asyl

Dieser Begriff entstammt dem griechischen „Asylos" und heißt Zufluchtsort bzw. Heim oder Unterkunft. Erst im Grundgesetz gewann der Begriff die Bedeutung von staatlichem Schutz für Ausländer, die in ihrem Heimatstaat aus politischen oder religiösen Gründen verfolgt werden. [...] Asyl ist also kein Ort mehr, sondern ein rechtlicher Status.[8] In Art. 33 Abs. 1 GFK manifestiert sich dieser Schutz in dem sogenannten „Non-Refoulement" Grundsatz, der besagt:

> „Keiner der vertragschließenden Staaten wird einen Flüchtling auf irgendeine Weise über die Grenzen von Gebieten ausweisen oder zurückweisen, in denen sein Leben oder seine Freiheit wegen seiner Rasse, Religion, Staatsangehörigkeit. seiner Zugehörigkeit zu einer bestimmten sozialen Gruppe oder wegen seiner politischen Überzeugung bedroht sein würde."[9]

In Deutschland sind nach § 16a GG Asylberechtigte, die durch einen Anerkennungsverfahren den besonderen Schutz als Flüchtling erlangt haben.[10]

Unter einen Asylbewerber ist eine Person zu verstehen, die Zuflucht in einem fremden Land sucht, um politischer oder sonstiger Verfolgung zu entgehen. Die Bewertungsgrundlage für Asylbewerber ist die Genfer Flüchtlingskonvention.[11]

2.4 Drittstaat und sicherer Drittstaat

Drittstaaten sind Staaten, die kein Mitglied der EU sind. Allgemein sind dies Länder, die bei internationalen Verträgen nicht Vertragspartner sind bzw. einer internationaler Organisationen nicht angehören.[12] Nach den verfassungsrechtlichen Vorgaben sind die Mitgliedstaaten der Europäischen Union "Sichere Drittstaaten" sowie weitere europäische Staaten, in denen die Einhaltung der Genfer Flüchtlingskonvention und der Menschenrechtskonvention sichergestellt ist. Diese sind Norwegen, die Schweiz und die Türkei[13].

---

8 Vgl. Tiedemann, Flüchtlingsrecht, S.1 f.

9 Art. 33 Abs.1 GFK

10 Vgl. Hundt, Aufenthaltsrecht und Sozialleistungen für Geflüchtete, S. 15

11 Vgl. Die Bundesausländerbeauftragten, Lexikon, o. J.

12 Vgl. Zandonella, Pocket Europa: EU-Begriffe und Länderdaten, S.19

13 Deutscher Bundestag, hib 316/2016 v. 01.06.2016

2.5 Ratifizierung

Die Ratifizierung und die Unterzeichnung sind voneinander zu trennen. Ratifizierung bedeutet den Akt, mit dem ein Staat sich endgültig und verbindlich bereit erklärt, sich an einen Vertrag halten zu wollen. Der Vertragsstaat muss von dem Zeitpunkt der Ratifizierung an die Vertragsbestimmungen beachten und umsetzen.[14] Staaten als Vertragspartner erklären sich mit der Unterzeichnung der Menschenrechtsverträge lediglich inhaltlich für einig. Zur völkerrechtlichen Verbindlichkeit führt die Unterzeichnung jedoch nicht. Zur völkerrechtlichen Verbindlichkeit führt erst die darauffolgende Ratifizierung. Die Ratifizierung erfolgt in der Regel durch das Staatsoberhaupt (in Deutschland Bundespräsident).[15]

[14] Vgl. Deutsches Institut für Menschenrechte, Was ist der Unterschied zwischen Unterzeichnung und Ratifizierung?

[15] Vgl. Council of Europe, Glossar

3 Flüchtlingskrise

Die Migration nach Europa ist nicht neu, seit Jahren versuchen afrikanische Migranten über Marokko nach Spanien oder vom Senegal aus auf die Kanarischen Inseln zu gelangen. Menschen, die über Italien, Griechenland und Bulgarien in den Norden Europas gelangen wollen, nutzen seit Jahren Libyen, die Türkei und Ägypten als Chance. Doch eine Flüchtlingsbewegung wie, die im Jahr 2015 gab es seit dem zweiten Weltkrieg nicht mehr. Die EU gibt Millionen aus, um die Flüchtlingskrise so gut es geht in den Griff zu bekommen. [16] Demzufolge wird ein Überblick über den Ablauf der Flüchtlingskrise gegeben, darauf aufbauend werden die Maßnahmen zur Bewältigung der Krise und die Beschlüsse der Mitgliedstaaten näher beleuchtet.

3.1 Ablauf der Flüchtlingskrise

Im Oktober 2013 starben 365 Flüchtlinge vor der sizilianischen Insel Lampedusa in einem aus Libyen kommenden Fischerboot. Von 2011 an wurden Tausende nordafrikanische Flüchtlinge durch die Staatsstreiche in Tunesien und Libyen nach Italien gedrängt. Demzufolge verlangte Italien eine Europäisierung der Flüchtlingspolitik. Zu diesem Zeitpunkt wurde die humanitäre Katastrophe nicht als europäisches Problem gesehen, da die mitteleuropäischen Staaten nicht wie heute von der Flüchtlingswelle betroffen waren. Doch stattdessen wurden die Flüchtlinge, die in den Norden zogen, über die „Dublin Regelung" wieder in das „Einreiseland" zurückgeschickt. Hinzu kam noch, dass Dänemark entgegen dem „Schengener-Abkommen" Kontrollen an der deutsch-dänischen Grenze einführte. Von einer Europäisierung der Flüchtlingspolitik war nichts zu sehen. Das änderte sich, als im Jahr 2015 mehr als eine Millionen Flüchtlinge und Wirtschaftsmigranten über das Mittelmeer nach Europa kamen; so viele wie noch nie zuvor. [17]Bei der Bootsüberfahrt starben 3735 Menschen (seit dem Jahr 2000 sind schon über 30.000 Flüchtlinge im Mittelmeer ertrunken[18]). Ungefähr 850 000 Flüchtlinge landeten in Griechenland und ca.155.000 in Italien[19] Die Flüchtlinge, die in Griechenland landeten, machten 80

---

[16] Vgl. Kingsley/Freundl/Roller, Die neue Odyssee, S. 12 f.

[17] Vgl. Hartleb, Die Stunde der Populisten, S. 110 f.

[18] Vgl. Kasparek, Europas Grenzen: Flucht, Asyl und Migration, S. 7

[19] Vgl. Beck/Kopp, Die geheime Migrationsagenda, S. 11

Prozent der Menschen aus, die 2015 „irregulär" in Europa ankamen.[20] (90% der Flüchtlinge sind nicht über legalem Weg nach Europa gekommen, sie werden als „irreguläre" Migranten bezeichnet und haben bei ihren Grenzüberquerungen organisierte kriminelle Gruppen und Menschenschleuser bezahlt[21]).

Der Syrienkonflikt und die Eskalation im Irak sind die wichtigsten Ursachen für die Flüchtlingswelle. Die gleichzeitigen Flüchtlingsbewegungen aus Afghanistan und Pakistan und die aus Afrika sorgten für die sogenannte Flüchtlingskrise und führten zum Zusammenbrechen des Schengensystems.[22] Außerdem verschlechterte sich die Lage der Flüchtlinge in der Türkei und in Libanon, die die meisten Flüchtlinge aufnahmen. Libanon führte 2015 die Visumspflicht ein, da das Land seine Kapazitäten als erschöpft ansah. Alle Faktoren gemeinsam mündeten in eine Massenflucht nach Europa. Für Griechenland und Italien, in denen der überwiegende Teil der Flüchtlinge zuerst ankommt, sind die Folgen der Flüchtlingskrise auffallend, die Belastung der Ressourcen dieser Länder sind enorm. [23] Viele der Flüchtlinge wollten letztlich nicht in diesen Ländern bleiben, ihr Ziel waren andere EU-Staaten wie Deutschland und Schweden, die eine wachsende Wirtschaft haben und wo das Sozialsystem gut funktioniert.[24]

Im August 2015 hat Bundesinnenminister Thomas de Maizière mit 800.000 Flüchtlingen in Deutschland gerechnet. Die Zahl betrug bis zum Jahresende eine Million.[25]Die Asylanträge waren zugleich ungleich verteilt, 2015 entfielen 75% aller Asylanträge auf nur fünf Mitgliedstaaten: Deutschland, Ungarn, Schweden, Österreich und Italien.[26]

Durch die Lage in Griechenland etablierte sich eine neue Route über die Nicht-EU-Staaten Mazedonien und Serbien nach Ungarn. Die nationalistische ungarische Regierung unter Viktor Orbàn reagierte scharf und verkündete den Bau eines

20 Vgl. UNHCR, Greece

21 Vgl. Europäische Kommission, Die EU und die Flüchtlingskrise

22 Vgl. Fischer, Die Entwicklung des europäischen Vertragsrechts, S. 109

23 Vgl. Hartleb, Die Stunde der Populisten, S.112 f.

24 Vgl. Landeszentrale für politische Bildung, Flüchtlingsproblematik

25 Vgl. Siebert, De Maizière rechnet mit bis zu 800 000 Flüchtlingen

26 Vgl. Europäische Kommission, Die EU und die Flüchtlingskrise

Grenzzaunes zu Serbien, aber ließ weiterhin den unbeobachteten Transit nach Österreich und damit nach Deutschland und Skandinavien zu.[27]

Als Ende August 2015 in Österreich ein Lastwagen mit 71 erstickten Flüchtlingen gefunden wurde, begann die österreichische Polizei die Grenze zu Ungarn scharf zu kontrollieren. Ungarn wurde zur Sackgasse für die Flüchtlinge. Am Budapester Ostbahnhof (Keleti pàlyaudvar) sammelten sich Tausende von Flüchtlingen.[28] Am 4. September 2015 kam die Weisung von Angela Merkel, die vor der ungarischen Grenze gestrandeten rund 130.000 Flüchtlinge nach Deutschland einreisen zulassen.[29]

Die Route über den Balkan wandelte sich zu einem langersehnten staatlich legitimierten Korridor. Über die nächsten Monate organisierten die beteiligten Staaten einen schnellen Transit der Flüchtlinge von Griechenland nach Deutschland. Doch dieser „Korridor" wurde nicht institutionalisiert. Im Februar 2016 wurde der Zugang an dem griechisch-mazedonischen Grenzdorf Idomeni geschlossen. 10.000 Flüchtlinge, die in Idomeni ausharrten, wurden in griechischen Flüchtlingslagern untergebracht.[30]

In einem großen Teil der EU (dem Schengen-Raum) können sich Personen ohne Grenzkontrollen frei bewegen. Aufgrund der Flüchtlingskrise haben einige Mitgliedstaaten wie bereits erwähnt, an ihren Grenzen Kontrollen eingeführt. [31] Die nachfolgende Abbildung soll zur Verdeutlichung des Schengen-Raums dienen.

---

27 Vgl. Kasparek, Europas Grenzen: Flucht, Asyl und Migration, S. 102 f.

28 Vgl. Kasparek, Europas Grenzen: Flucht, Asyl und Migration, S. 103

29 Vgl. Hartleb, Die Stunde der Populisten, S. 114

30 Vgl. Kasparek, Europas Grenzen: Flucht, Asyl und Migration, S. 104

31 Vgl. Europäische Kommission, Die EU und die Flüchtlingskrise

Abbildung 1 Der Schengen-Raum[32]

Die Entscheidung der Bundesregierung, die Einreise der Flüchtlinge nach Deutschland zuzulassen, führte zu einem politischen Konflikt innerhalb der EU. Die Frage, in welcher Art die Restabilisierung der Schengener Region sichergestellt werden sollte, stand im Mittelpunkt des Konflikts. Das Ziel der Bundesregierung, insbesondere der Kanzlerin Merkel, und die der Kommission war es eine „europäische Lösung" zu finden. Doch viele andere Mitgliedstaaten wollten weiterhin, oder sogar vermehrt selbst über ihre Migrations- und Flüchtlingspolitik entscheiden. Die „europäische Lösung" wurde zunächst in der Wiederherstellung der Integrität des Schengenraumes gesehen. Denn das Ende von Schengen könnte schwere Folgen für den europäischen Binnenmarkt und die EU als Ganzes mit sich bringen.[33]

Die Lösung dieser Flüchtlingskrise begann mit dem sogenannten „Türkei- Deal", durch die der „irreguläre" Zustrom der Flüchtlinge gestoppt werden sollte. Die Zahlen der nach Europa Flüchtenden ist nach der Vereinbarung mit der Türkei im Jahr 2016 etwas gesunken. Im Jahr 2015 flohen 1,8 Millionen Menschen nach Europa, im Jahr 2016 waren es „nur" noch 500.000, was gleichwohl bedeutet, dass immer

---

32 Europäische Kommission, Der Schengen-Raum: Europa ohne Grenzen, S.2

33 Vgl. Kasparek, Europas Grenzen: Flucht, Asyl und Migration, S. 105

noch täglich Tausende Menschen sich auf den Weg aus Afrika, Nahost und Asien nach Europa machen.[34] Die Anzahl der Flüchtlinge, die über die Türkei nach Europa kommen, ist in der Folge deutlich zurückgegangen. Während laut UNHCR im Jahr 2015 über 800.000 Flüchtlinge in Griechenland eintrafen, wurden bis zum 31. Oktober 2017 nur noch rund 26.499 Flüchtlinge gezählt.[35]

Die EU hat eine rechtliche und moralische Verpflichtung, Schutzbedürftigen zu helfen, aber nicht jeder, der nach Europa kommt, ist schutzbedürftig. Es gibt Menschen die nach Europa kommen, in der Hoffnung auf besseren Lebensstandard. Diese sogenannten „Wirtschaftsmigranten" müssen von der Regierung der Mitgliedstaaten in ihr Heimatland zurückgeschickt werden oder in ein anderes sicheres Land, das sie bereits schon durchquert haben. Aber auch die tatsächlich Schutzbedürftigen werden nicht fair in der EU verteilt, weil einige Mitgliedstaaten die Situation der Flüchtlingskrise nicht als ein gesamteuropäisches Problem anerkennen wollen.[36]

3.1.1 Fluchtursachen in den Herkunftsländern

In der Vergangenheit waren hohe Wanderungs- und Flüchtlingszahlen zu beobachtet. Flüchtlinge fliehen aus den verschiedensten Gründen. Dabei spielen besonders die sogenannten „Push-Faktoren" eine Rolle, diese können sein u.a. Bürgerkriege, politische Verfolgung, Unruhen, Naturkatastrophen, Terror, Armut, Arbeitslosigkeit in ihren Heimatländern und Verfolgung aufgrund der Zugehörigkeit zu einer bestimmten ethnischen oder religiösen Gruppe.[37]

3.1.2 Krieg und Gewalt

Krieg ist die Hauptfluchtursache in den Hauptherkunftsländern der Flüchtlinge, wie Syrien, Irak, Afghanistan und Somalia. Kriege fordern Menschenleben, führen zu Zerstörung von Infrastruktur, Verwüstung der Natur, Vernichtung der Sozialstrukturen, zu Armut und Hunger. So sind Menschen gezwungen, zu fliehen, entweder innerhalb des Herkunftslandes oder über die Grenzen hinaus. [38]

---

[34] Vgl. Die Welt, Mittelmeerrouten

[35] Vgl. UNHCR, Mediterranean Situations

[36] Vgl. Europäische Kommission, Die EU und die Flüchtlingskrise

[37] Vgl. Parusel, Unbegleitete Minderjährige auf der Flucht, S.1

[38] Vgl. Luft, Die Flüchtlingskrise, S. 26 f.

Seit 2011 ist Syrien im Kriegszustand, ein Ende dieses Konflikts ist nicht absehbar. Durch den Mehrfrontenkrieg wurden schon über 50% der Bevölkerung vom Assad-Regime und dem IS in die Flucht getrieben, die meisten von ihnen als Binnenvertriebene im eigenen Land. Die humanitäre Situation hat sich in Laufe der Jahre weiter stark verschlechtert.[39]

Afghanistan war über 30 Jahre lang das Land, aus dem die meisten Flüchtlinge kamen. Der Einmarsch sowjetischer Truppen im Jahre 1980 und der darauffolgende Krieg ließen mehr als die Hälfte der Bevölkerung das Land verlassen. Auch der IS ist im Land präsent. Zurzeit liegt Afghanistan an zweiter Stelle der Herkunftsländer mit den meisten Flüchtlingen, nach Syrien. Der Kampf zwischen Taliban und Regierung zwinget immer mehr Menschen zur Flucht.[40] Im Uno-Bericht zu den "Humanitären Bedürfnissen 2017" ist die Rede von 9,3 Millionen Afghanen in Not - ein Anstieg von 13 Prozent gegenüber dem Vorjahr.[41]

Auch Irak gehört zu den Ländern, in dem seit vielen Jahren Krieg herrscht und in dem der IS sich besonders weit ausbreiten und quasi-staatliche Strukturen aufbauen konnte. Hinzu kommen noch die Wirtschaftssanktionen der Vereinten Nationen, wodurch mehr als 1,5 Millionen Iraker Opfer von Mangelernährung und unzureichender medizinischer Versorgung wurden. Mehr als 4 Millionen Menschen sind Binnenvertriebene und immer mehr suchen Schutz in anderen Ländern.[42]

Die humanitäre Krise in den afrikanischen Staaten, vor allem in Somalia, Sudan, Kongo, Eritrea und in der Zentralafrikanischen Republik wird von den Vereinten Nationen als die größte und komplexeste weltweit angesehen. Laut den UNHCR Mid-Year-Trends 2015 und des IDMC Global Overview 2015 befanden sich 2015 mehr als ein Viertel der weltweit fast 60 Millionen Geflüchteten in Afrika, das entspricht 15,4 Millionen Flüchtlingen und Binnenflüchtlingen.[43] Die meisten afrikanischen Migranten bewegen sich innerhalb des Kontinents, da ihnen die finanziellen Mittel für eine Flucht nach Europa fehlen. Schwere Menschenrechtsverletzung und Verstöße gegen das Völkerrecht gehören in Afrika zum Alltag, dazu gehören u.a. Folterungen, Tötungen und Vergewaltigungen. Sämtliche Kriege und Kämpfe

---

[39] Vgl. Luft, Die Flüchtlingskrise, S. 26 f.

[40] Vgl. Luft, Die Flüchtlingskrise S. 32 f.

[41] Vgl. Spiegel Online, Zahl der Kriegsvertriebenen steigt drastisch

[42] Vgl. Luft, Die Flüchtlingskrise, S. 33

[43] Vgl. Glasman/ Brankamp, Europa ist nicht das Zentrum der Flüchtlingskrise

sind auch mit dem Rohstoffhandel und der Kontrolle über die Bodenschätze verbunden.[44] In den afrikanischen Staaten ist, wie in den anderen Ländern, eine Kombination der Fluchtursachen beobachtbar. Die Menschen fliehen vor dem Krieg, der Gewalt und der damit verbundenen Perspektivlosigkeit und Armut.

3.1.3 Diskriminierung und Verfolgung

Verfolgung und Diskriminierungen zwingen überall auf der Welt Menschen dazu, ihr Zuhause zu verlassen und anderswo Schutz, Freiheit und Gerechtigkeit zu suchen. So werden Menschen z.B. wegen ihrer Religion, ethnischen Zugehörigkeit, politischen Gesinnung oder sexuellen Neigung verfolgt. In 78 Ländern gibt es Gesetze, die einvernehmliche sexuelle Beziehungen zwischen gleichgeschlechtlichen Erwachsenen unter Strafe stellen. Eritrea ist das Land in Afrika, aus dem die meisten Flüchtlinge nach Europa kommen. Sie fliehen nicht vor einem Krieg, sondern sie fliehen vor Zwangsarbeit, unbefristetem Militärdienst und willkürlichen Inhaftierungen.[45] Aus den Balkanländern fliehen vor allem Roma, die dort massiv diskriminiert werden. Die Roma stellen die größte ethnische Minderheit in Europa dar und sind auch am stärksten von Rassismus und Diskriminierung betroffen.[46]

3.1.4 Perspektivlosigkeit

Eine große Gruppe von Flüchtlingen und Migranten kommt aus den Balkanländern, vor allem Albanien, Kosovo, Mazedonien und Serbien. Die Wanderung aus den Staaten des Westbalkans hing Anfang 1990 mit dem Bürgerkrieg zusammen, Ende 1990 folgten Fluchtbewegungen aufgrund des Kosovokrieges.[47] Bei der Migrationsbewegung aus diesen Ländern handelt es sich hauptsächlichen um Menschen, die einer aussichtslosen wirtschaftlichen Situation und unberechenbaren politischen Verhältnissen entfliehen wollen. Die schlechte soziale Lage und dic hohe Arbeitslosigkeit bewegen die Menschen zur Flucht. [48]

3.1.5 Rohstoffhandel und Landraub

Viele Menschen verlassen ihre Heimat, weil sie ausgebeutet und in Notsituationen getrieben werden, in denen sie ihre Existenz nicht mehr sichern können.

[44] Vgl. Luft, Die Flüchtlingskrise, S. 34

[45] Vgl. Medico International, Diskriminierung und Verfolgung

[46] Vgl. Pries, Migration und Ankommen, S.47

[47] Vgl. Luft, Die Flüchtlingskrise, S. 36

[48] Vgl. Pries, Migration und Ankommen, S. 46

Afrikanische Länder mit einem großen Vorkommen an Erdöl und anderen Bodenschätzen werden von allen großen Wirtschaftsmächten ausgebeutet. Die USA, Europa und auch China engagieren sich stark in diesen Ländern. Obwohl diese Länder keine Kolonien mehr sind, können sie nicht von ihren Rohstoffen profitieren. Einer der Gründe ist, dass das koloniale Erbe nachwirkt: Viele nationale Wirtschaften blieben einseitig auf den Rohstoffabbau ausgerichtet und der Norden behielt in hohem Maß die Kontrolle über den Abbau und die Handelsbedingungen. So kommt es, dass internationale Konzerne noch heute unmittelbaren Zugriff auf den Abbau und die Veräußerung der Ressourcen haben. Gestützt werden die Interessen der Konzerne von der internationalen Politik.[49] Viele Regionalkonflikte sind auch ein Ergebnis der Kolonialpolitiken europäischer Länder. Auch aus Pakistan und Afghanistan fliehen Menschen, weil ihre Länder seit Jahrzehnten in komplexe Kriege verwickelt sind, in denen wirtschaftliche und strategische Interessen von Regionalmächten wie China, Russland, Indien sowie der Großmächte USA und Europa eine Rolle spielen.[50] Diesen Menschen bleibt kein anderer Ausweg als die Flucht.

3.1.6 Umweltzerstörung und Klimawandel

Auch die Folgen des Klimawandels treiben die Menschen in die Flucht. Seit der Jahrtausendwende soll sich die Zahl der Klima- und Umweltflüchtlinge der International Organisation für Migration (IOM) zufolge von 25 auf 50 Millionen verdoppelt haben; für das Jahr 2050 werden bereits 200 Millionen Umweltflüchtlinge prognostiziert. Besonders betroffen sind Bangladesch, viele Inseln im Südpazifik und die Länder der Sahelzone in Afrika. Allerdings kennt die GFK noch nicht den Terminus der Umwelt- bzw. Klimaflucht; der völkerrechtliche Status dieser Gruppe von Flüchtlingen ist bis heute völlig ungeklärt. Für die Betroffenen gibt es daher weder juristischen Schutz noch zuständige Institutionen. Auch im deutschen Asylrecht finden Klimaflüchtlinge keine Anerkennung.[51]

---

49 Vgl. Medico International, Rohstoffhandel und Landraub

50 Vgl. Pries, Migration und Ankommen, S. 44

51 Vgl. Medico International, Umweltzerstörung und Klimawandel

3.2 Europäische Fluchtbekämpfungsmaßnahmen

Die Flüchtlingskrise ist für die gesamte EU belastend. Jean-Claude Juncker, Präsident der Europäischen Kommission hat klargestellt: „Es kann nur eine Lösung auf europäischer Ebene geben, und diese muss auf Solidarität der Mitgliedstaaten fußen".[52] Daher hat die Europäische Kommission ein Gesamtkonzept vorgelegt um die Flüchtlingskrise auf europäischer Ebene zu bewältigen[53],die sogenannte Europäische Migrationsagenda vom Mai 2015, in dieser wurden eine Reihe von Maßnahmen beschlossen, dazu gehören die Umverteilung, Bekämpfung der Fluchtursachen und das Türkei-Abkommen. Ziel ist, mit diesen Maßnahmen die irreguläre Migration zu bekämpfen, die Außengrenzen zu schützen, das europäische Asylsystem zu verbessern und mehr legale Zuwanderungswege zu öffnen[54]

Doch die Flüchtlingskrise hat die EU gespalten. Die Solidarität unter den EU-Staaten, die auch in dem EUV ganz vorn steht und in dem AEUV verankert ist [55], wurde in Frage gestellt. Die Flüchtlingskrise brachte auch wirtschaftliche Folgen mit sich, diese werden in den folgenden Punkten vorgestellt.

3.2.1 EU-Mittel mobilisieren

Das erste Problem, nachdem die „Europäische Migrationsagenda" eingeführt worden war, zeigte sich besonders, als die Aufbringung des zusätzlichen Finanzbedarfs anstand; die EU-Kommission musste Haushalte umschichten, um so die Ausgabenstruktur anzupassen.[56] Dadurch, dass die Obergrenzen der MFR-Rubriken begrenzt sind, wurde das für besondere Situationen vorgesehene „Flexibilitätsinstrument" herangezogen, mit dem werden Mittel für klar eingegrenzte Ausgaben bereitgestellt, die nicht ohne Überschreitung der Ausgabenobergrenzen aus einer oder mehreren Haushaltslinien des EU-Haushalts finanziert werden können. Dieses Instrument hat ein jährliches Volumen von 431 Millionen Euro (stand 2011). [57] Außerdem stockte die Kommission im September 2016, die Europäische Entwicklungsfond mit zehn Milliarden Euro mehr auf, damit hat die EU fünfzehn Milliarden

---

52 Vgl. Europäische Kommission, Flüchtlingskrise: Was tut die EU?

53 Vgl. Europäische Kommission, Flüchtlingskrise: Was tut die EU?

54 Vgl. Europäische Kommission, Die EU und die Flüchtlingskrise

55 Siehe hierzu Art.1 ff. EUV

56 Vgl. Wenz-Temming in: Rüttgers/Decker, Europas Ende, Europas Anfang, S.248

57 Vgl. Europäische Kommission, Flexibilitätsinstrument

Euro, doppelt so viel als geplant, für die Bereiche Flüchtlinge und Migration ausgegeben. Gemessen an den Aufwendungen der Mitgliedstaaten, bleibt der Mittelumfang begrenzt. [58]

3.2.2 Humanitäre Hilfe und Entwicklungshilfe

Die EU hat für die Jahre 2015 und 2016 über 10 Milliarden Euro zur Bewältigung der Flüchtlingskrise bereitgestellt. Zudem hat die EU seit Mai 2016 angefangen EU Projekte zu finanzieren, um die humanitären Bedürfnisse der Flüchtlinge und Migranten in Griechenland zu decken.[59] Seit Beginn des Konflikts in Syrien hat die EU insgesamt 4,2 Milliarden Euro für humanitäre Hilfe sowie Entwicklungs-, Wirtschafts-, und Stabilisierungshilfe zur Verfügung gestellt. Somit ist sie der größte Geldgeber in der Syrienkrise.[60]

3.2.3 Umverteilung, Neuansiedlung und Rückführung,

3.2.3.1 Umverteilungsprogramm

Das Umverteilungsprogramm ist am 22 September 2015 von einer Mehrheit der EU-Länder beschlossen worden. Die EU sieht in Anlehnung an die Notstandklausel Art. 78 Abs. 3 AEUV, die Umverteilung von rund 166.000 Menschen, die eindeutig internationalen Schutz benötigen, aus den Hauptankunftsländern Griechenland und Italien auf andere Mitgliedstaaten der EU bis zum 26. September 2017 vor. Mit diesem Beschluss ((EU) 2015/1601), sollten die beiden Länder bei der Bewältigung des Flüchtlingsstroms unterstützt werden.[61]

Einige EU-Staaten waren jedoch gegen diesen Beschluss. Polen, Ungarn, die Tschechische Republik und Rumänien haben gegen die Regelung gestimmt, Finnland hat sich der Stimme enthalten.[62] Ungarn und die Slowakei haben daraufhin beim Europäischen Gerichtshof am 2. Und 3. Dezember 2015 eine Nichtigkeitsklage nach Art. 263 AEUV eingereicht. Belgien, Deutschland, Frankreich, Italien, Luxemburg, Schweden sowie die EU-Kommission unterstützen den beklagten Rat der EU. Doch

---

58 Vgl. Wenz-Temming in: Rüttgers/ Decker, Europas Ende, Europas Anfang, S.248

59 Vgl. Europäische Kommission, Die EU und die Flüchtlingskrise

60 Vgl. Europäische Kommission, Flüchtlingskrise: Was tut die EU?

61 Vgl. Zeit Online, EU fliegt Flüchtlinge von Athen nach Brüssel

62 Vgl. Epoch Times, Slowakei, Ungarn, Polen, Tschechien, Rumänien gegen Flüchtlingsumverteilung

der EuGH entschied, dass dieser Beschluss rechtmäßig ist und hat die Klage abgewiesen. Der Mechanismus trage wirksam und in verhältnismäßiger Weise dazu bei, dass Griechenland und Italien die Folgen der Flüchtlingskrise von 2015 bewältigen können, heißt es in der Begründung [63]

Gegen die drei Staaten Ungarn, Polen und Tschechien, die sich weigerten Flüchtlinge aufzunehmen oder nur wenige Flüchtlinge aufnahmen, leitete die EU-Kommission ein Vertragsverletzungsverfahren ein. Die Kommission warf den drei Staaten vor, EU- Recht verletzt zu haben.[64]

Knapp 30.000 Flüchtlinge von den vorgesehenen rund 160.000 wurden bis zum 26 September 2017 in andere EU-Länder umverteilt. Die EU- Kommission hat das Projekt dennoch als erfolgreich bewertet, mit den Worten von Margaritis Schinas (Chefsprecher von Kommissionspräsident Jean- Claude Juncker): „Yes, we call it a sucess". Er fügte hinzu, dass es ein Erfolg im Rahmen des Möglichen gewesen ist. Viele EU-Länder hielten nicht ein, was sie versprachen. Ungarn und Polen haben die Verteilung komplett verweigert, nur Malta erfüllte seine Verteilungsquote. Alle anderen Länder nahmen weniger Asylbewerber auf, als die Verteilungsquote für sie vorsah. Vor dem Hintergrund dieser Umstände ist die Verteilung als erfolgreich anzusehen, laut EU-Kommission.[65]

Von allen Mitgliedstaaten hat nur Malta die vorgesehene Anzahl an Flüchtlingen aufgenommen und das Versprechen gehalten. Alle anderen Staaten liegen unter der Anzahl der für sie vorgesehenen Quote. Von den rund 167.090 Flüchtlingen konnten gerade einmal 31.528 auf die Mitgliedstaaten verteilt werden (Stand vom 16. November 2017)[66]

3.2.3.2 Neuansiedlungsprogramm

Damit die Schutzbedürftigen sich nicht auf Schleuser und Menschhändler einlassen, hat die EU als eine weitere Maßnahme die Neuansiedlung im Juli 2015 vorgesehen. Asylbewerber sollen die Möglichkeit bekommen sicher und legal in die EU einzureisen. Das Neuansiedlungsprogramm auf freiwilliger Basis, auf das sich die Mitgliedstaaten geeinigt haben, haben den Transfer von 22.500 Menschen von

---

63 EuGH, Urteil vom 06.09.2017 - C-643/15, C-647/15

64 Vgl. Zeit Online, EU geht rechtlich gegen Ungarn, Polen und Tschechien vor

65 Vgl. Bensch, EU-Kommission will Reform

66 Siehe Anhang A

außerhalb der EU in einen Mitgliedstaat vorgesehen.[67]Bis Juli 2017 wurden nahezu drei Viertel (16.419) der 22.504 vereinbarten Neuansiedlungen durchgeführt.[68]

3.2.3.3 Rückführung

Die Rückführungsrichtlinie[69] trat 2010 in Kraft. Eine wirksame und humane Rückkehrpolitik ist ein wesentlicher Bestandteil des in der europäischen Migrationsagenda vom Mai 2015 dargelegten umfassenden Ansatzes der EU zur Bewältigung der Migration und zur Eindämmung der irregulären Migration. Im März 2017 haben die Mitgliedstaaten sich darauf geeinigt, die Rückführung irregulärer Migranten zu beschleunigen und die Grundrechte dabei einzuhalten. Außerdem stellte die EU-Kommission neue Maßnahmen für eine wirksame und glaubwürdige Rückkehrpolitik vor, unter anderem werden im Jahr 2017 200 Millionen Euro für nationale Rückkehranstrengungen sowie für bestimmte gemeinsame europäische Rückkehr- und Wiedereingliederungsmaßnahmen zur Verfügung gestellt.[70] Die Rückführungen der Flüchtlinge ohne Bleiberecht kostet die EU am meisten. Zwischen 2000 und 2014 haben die Mitgliedsstaaten sowie Norwegen und die Schweiz dafür 11,3 Milliarden Euro ausgegeben.[71] Unterstützung bekommen die Mitgliedstaaten bei der Rückführung von der EU-Grenzschutzagentur, sie sind unterstützend tätig bei der Koordination der Flüge.[72]

3.2.4 Türkei-Deal

Da die Türkei seit dem Ausbruch des Krieges in Syrien im Jahre 2011 schon über zwei Millionen Flüchtlinge aufgenommen hat und die Lebensbedingungen der Flüchtlinge in der Zeit schlecht waren, versuchten seit 2015 viele Flüchtlinge nach Europa weiterzuziehen; viele über die Ägäis nach Griechenland und andere über die Landesgrenze nach Bulgarien.[73] Daher verhandelten ab Oktober 2015 die EU und die Türkei darüber, ob die Türkei die Funktion einer Torwächterin für die EU

[67] Vgl. Europäische Kommission, Die EU und die Flüchtlingskrise

[68] Vgl. Europäische Kommission, Europäische Migrationsagenda und Finanzstabilität der EU

[69] Richtlinie 2008/115/EG des Europäischen Parlaments und des Rates vom 16. Dezember 2008 über gemeinsame Normen und Verfahren in den Mitgliedstaaten zur Rückführung illegal aufhältiger Drittstaatsangehörige

[70] Vgl. Europäische Kommission, Pressemitteilung

[71] Vgl. Süddeutsche Zeitung, So viel Kostet die Festung Europa

[72] Vgl. Europäische Kommission, Die EU und die Flüchtlingskrise

[73] Vgl. Schwarze, Flüchtlingsabkommen mit der Türkei

übernehmen soll. Am 18. März 2016 hatten sich die EU und die Türkei auf ein Abkommen geeinigt. Ziel war, die Überfahrten auf die griechischen Inseln (u.a Kos und Lebos) schon an der türkischen Küste zu unterbinden, d.h die Türkei verstärkt ihren Grenzschutz, dadurch sollen weniger Flüchtlinge in die EU gelangen und auf ihrer Flucht über die Ägäis nicht ihr Leben riskieren. Außerdem sieht das Abkommen eine Vereinbarung vor zur Rückführung von Migranten, die in der Türkei akzeptiert werden müssen.[74] Außerdem soll für jeden Syrer, der auf irreguläre Weise auf die griechischen Inseln gelangt und dann zurückgeführt wird, die EU einen Syrer aus der Türkei aufnehmen. Parallel werden direkte Neuansiedlungsflüge aus der Türkei in die EU- Mitgliedstaaten durchgeführt.[75]

Im Gegenzug sollen türkische Staatsbürger eine visumfreie Einreise in die EU erhalten. Außerdem soll zwei Mal im Jahr ein EU-Türkei- Gipfeltreffen stattfinden.[76]

Für dieses Abkommen stellt die EU bis 2018 sechs Milliarden Euro zur Verbesserung der Lebensumstände der Flüchtlinge in der Türkei bereit, drei Milliarden sollten für 2016 und 2017 (eine Milliarde vom EU-Budget und zwei Milliarden von den Mitgliedstaaten finanziert[77]) als Soforthilfe fließen und die restlichen drei Milliarden bis 2018.[78]

Wie oben erläutert, kommen seit dem Türkei-Deal weniger Flüchtlinge in Griechenland an, daher ist die Zahl der Todesopfer in der Ägäis auch erheblich zurückgegangen. Die Türkei scheint ihren Versprechungen nachzukommen und die Grenzen zu schützen.

Die EU hingegen hat ihre Zusagen nur zum Teil erfüllt. Bei der Volksversammlung der Vereinten Nationen im September 2017 hat der türkische Präsident Erdoğan die Flüchtlingskrise angesprochen und erwähnt, dass seine Regierung nur 820.000 Millionen von den Versprochenen drei Milliarden erhalten hat. [79] Die Entscheidung über die Visafreiheit für türkische Staatbürger ist ebenfalls nicht umgesetzt worden, weil Erdoğans Regierung seit dem Putschversuch im Juli 2016 zunehmend

---

[74] Vgl. Kasparek, Europas Grenzen: Flucht, Asyl und Migration, S. 106

[75] Vgl. Europäische Kommission, Die EU und die Flüchtlingskrise

[76] Vgl. Alexander, Die Getriebenen S. 212

[77] Vgl. European Commission, Monthly Report on the Implementation of the Facility for Refugees in Turkey

[78] Vgl. Schwarze, Flüchtlingsabkommen mit der Türkei

[79] Vgl. Zeit Online, Erdoğan fordert mehr Geld für syrische Flüchtlinge

autoritär agiert, und die Einhaltung rechtsstaatlicher und demokratischer Prinzipien nicht mehr gewährleistet ist. Diese aber ist eine Bedingung für die Visafreigabe ebenso wie für die EU-Beitrittsgespräche.[80]

3.2.5 Rettung der Menschenleben auf dem Meer und Schutz der EU- Außengrenzen

Damit der Schengen-Raum ohne Binnengrenzen aufrechterhalten werden kann, hat die EU am 6. Oktober 2016 die Europäische Grenz- und Küstenwache eingeführt.

Die Sicherung erfolgte durch die Europäische Agentur für Grenz und Küstenwache. Vorrangiges Ziel der Frontex ist die Verhinderung grenzüberschreitender Kriminalität. Zudem kann die Agentur Informationen, die für die Analyse sowohl von Migrationsrouten als auch von Methoden der verschiedenen Formen der grenzüberschreitenden Kriminalität erforderlich sind, sammeln. Diese Informationen werden mit den Behörden der EU-Mitgliedstaaten und Europol geteilt, damit diese bei Bedarf entsprechende Untersuchungen einleiten können.[81]

Gleichzeitig hat die EU ihre Präsenz auf See seit 2015 verdreifacht, um Menschen aus Seenot zu retten. Gleichzeitig führte die EU die Marineopertaion „Sophia" durch, zur Bekämpfung der Schlepperbanden.[82]

3.3 Asylentscheidungen in der EU

1,3 Millionen Asylanträge wurden 2016 in der EU gestellt, im Vergleich zum Jahr 2015 ist ein Rückgang von 7% festzustellen, 2015 waren es rund 1,4 Millionen Anträge.[83] Was nicht bedeutet, dass jeder Antrag positiv ausgehen muss. Während Bürgerkriegsflüchtlinge mit einer Anerkennung als Schutzberechtigter rechnen können, sollen Wirtschaftsflüchtlinge (z.B. aus dem Westbalkan) zur Ausreise veranlasst werden. Seit Frühjahr 2016 kommt es vermehrt zu Fällen, in denen der volle Flüchtlingsstatus nicht gewährt wird. Immer mehr Flüchtlingen wird „nur" noch der subsidiäre Schutz gewährt. Das liegt lediglich daran, dass Kriegsflüchtlingen die politische Verfolgung, Festnahme oder Folter nicht nachgewiesen werden kann, denn laut GFK sind diese Kriterien ausschlaggebend für den

[80] Vgl. Schwarze, Flüchtlingsabkommen mit der Türkei

[81] Vgl. Europäische Kommission, Sicherung der Aussengrenzen, 2016

[82] Vgl. Europäische Kommision, Flüchtlingskrise: Was tut die EU?

[83] Vgl. Eurostat, Pressemitteilung 70/2017 v. 26. April 2017

Flüchtlingsstatus. [84] Schutz kann abgesehen vom Asyl auch anderweitig erlangt werden. (z.B. subsidiären Schutz, vorübergehender Schutz oder humanitärer Rechtsstatus.) Daher werden in dem folgenden Diagramm die Staatsangehörigen aufgelistet, die am häufigsten einen Schutzstatus erlangt haben.

Im Jahr 2016 wurden von den 28 Mitgliedstaaten der EU 710 400 Asylbewerber als schutzberechtigt anerkannt, mehr als doppelt so viele wie im Jahr 2015. Außerdem nahmen die EU-Mitgliedstaaten über 14 000 umgesiedelte Flüchtlinge auf.[85]

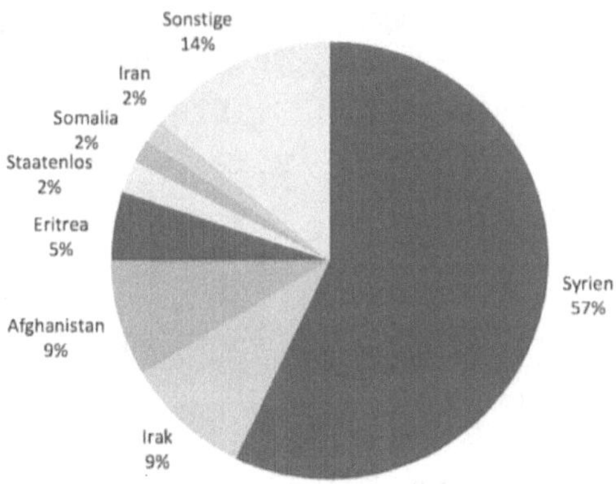

Abbildung 2 Asylbewerber, denen in der EU ein Schutzstatus zuerkannt wurde, nach Staatsangehörigkeit[86]

Die Abbildung zeigt den prozentualen Anteil aller Personen nach Staatsangehörigkeiten, denen in den EU-Mitgliedstaaten ein Schutzstatus zuerkannt wurde. 2016 gehörten Staatsangehörige aus Syrien wie auch im Jahr 2015 zu der größten Gruppe von Personen, denen in der EU der Schutzstatus zuerkannt wurde. (405 600 Personen bzw. 57%).Darauf folgten Staatsangehörige aus dem Irak (65 800 bzw. 9%) und aus Afghanistan (61 800 bzw. 9%).

[84] Vgl. Abdi-Herrle, Flüchtlinge: Auf den Status kommt es an

[85] Vgl. Eurostat, Pressemitteilung 70/2017 v. 26. April 2017

[86] Vgl. Eurostat, Pressemitteilung 70/2017 v. 26. April 2017

3.3.1 Die Flüchtlingslage in und um Europa aktuell

Die Maßnahmen, die die EU durchgesetzt hat, haben sich gezeigt. Seit 2017 ist ein deutlicher Rückgang der Flüchtlingsbewegung in ganz Europa zu beobachten.

Dies ist vor allem dem Türkei-Deal zu verdanken und auch die Schließung der Balkanroute ist ein großer Indikator.[87]

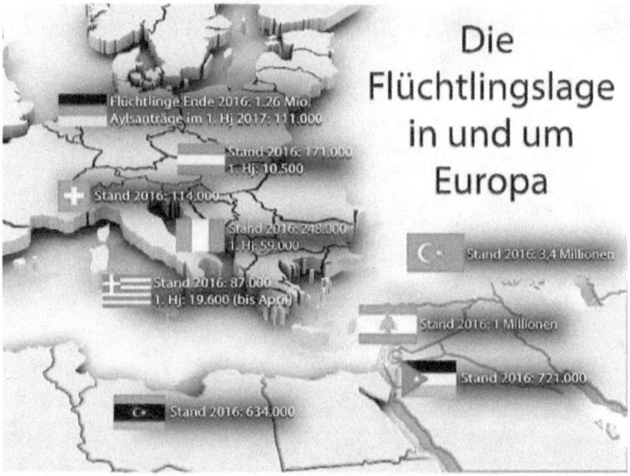

Abbildung 3 Die Flüchtlingszahlen in und um Europa[88]

Der Tabelle sind die aktuellen Zahlen des Jahres 2017 zu entnehmen. Angefangen in Deutschland, ist der Unterschied zu 2016 deutlich zu sehen. Ende 2016 wurden rund 1,26 Millionen Flüchtlinge in Deutschland gezählt, im 1. Halbjahr vom 2017 sind „nur" noch 111.000 Asylanträge gestellt worden. Auch in Österreich sind die Zahlen der Asylanträge deutlich zurückgegangen von 171.000 auf 10.500. Italien und Griechenland mussten die größte Last in den Jahren 2015 und 2016 tragen bzgl. der ankommenden Flüchtlinge, auch in den beiden Grenzstaaten sind die Zahlen um mehr als die Hälfte zurückgegangen.

3.4 Der wirtschaftliche Effekt der Flüchtlingskrise

Neben den Kosten, die die EU für die Fluchtbekämpfung bisher ausgegeben hat, ist auch der wirtschaftliche Effekt in den Mitgliedstaaten zu betrachten. Die aktuelle Studie der Organisation für Internationale Zusammenarbeit und Entwicklung

[87] Vgl. Focus Online, Europäische Flüchtlingskarte

[88] Focus Online-Grafik: Gabriel Fehlandt

(OECD) hat nun deutlich gemacht, wie sich die hohe Anzahl der Asylbewerber in ausgewählten Mitgliedstaaten ausgewirkt hat und wie es in der Zukunft aussehen könnte. Die Studie teilt die wirtschaftlichen Folgen in kurzfristige Auswirkungen 2016-2018 und längerfristigen Auswirkungen ein, bei denen es von Bedeutung ist, ob die Zuwanderer im Land bleiben oder nicht. In der Studie werden nur die Mitgliedstaaten betrachtet, die stark betroffen von der Fluchtbewegung sind.

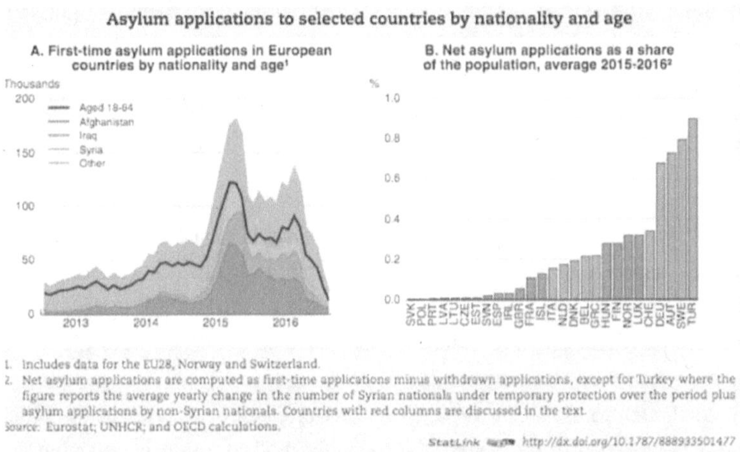

Abbildung 4 Asylanträge in ausgewählten Ländern nach Staatsangehörigkeit und Alter[89]

Um die Ausgaben der Staaten näher erläutern zu können, ist es von Bedeutung, zu wissen, wie der Anteil der Asylanträge war, auf die Bevölkerung der Erstaufnahmeländer in Europa bezogen. Die Abbildung veranschaulicht, dass die Zahl der Asylanträge für das Jahr 2016 bei rund 1,3 Millionen lag. Die Menge der Asylanträge, bezogen auf die Bevölkerung, betrugen in Schweden 0,8%, Österreich 0,7%, Deutschland 0,65%, sowie in der Türkei 0,9 %.

Der Studie zufolge sind die staatlichen Ausgaben in den wichtigsten Aufnahmeländern infolge der mit der Aufnahme der Asylbewerber und Bearbeitung der Asylverfahren verbundenen Kosten gestiegen, die fiskalischen Nettokosten für die Bearbeitung von Asylanträgen werden auf 10.000 Euro geschätzt. Schätzungen der OECD zufolge erreichten die fiskalischen Kosten im Verhältnis zum BIP in den meisten Ländern im Jahr 2016 ihren Höchststand. Gemessen am BIP gibt Schweden am

89 OECD 2017, Ausgabe 2017/1 S.25

meisten für sein Asylwesen aus mit 0,9 Prozent, gefolgt von der Türkei mit 0,6 Prozent, Dänemark mit 0,5 Prozent und Deutschland mit rund 0,5 Prozent, Österreich mit 0,4 Prozent.[90]

Schätzungen der OECD zufolge werden die Aufnahme und Unterstützung so vieler Asylbewerber auf kurze Sicht teuer, mit der Zeit aber werden diese Zahlen tendenziell abnehmen, da sich die Flüchtlinge in den Arbeitsmarkt integrieren.[91]Welchen Effekt die Asylbewerber auf den Arbeitsmarkt haben, wird davon abhängig sein inwieweit die Flüchtlinge in den Arbeitsmarkt integriert werden, wie lange es dauert, bis sie den Zugang zum Arbeitsmarkt haben, wie lange die Antragsverfahren dauern, ob sie den Flüchtlingsstatus zuerkannt bekommen und über welche sprachlichen und fachlichen Kompetenzen sie verfügen.[92]

Der internationale Währungsfonds IWF hat ebenfalls eine Studie veröffentlicht, laut IWF wird die Flüchtlingsproblematik zum Wachstum der Wirtschaft in der gesamten EU besonders in Deutschland, Österreich und Schweden führen. Die Hauptzielländer Deutschland, Österreich und Schweden, können mit 0,5 bis 1,1 Prozent zusätzlichem Wachstum rechnen. Für die gesamte EU errechnete die Studie eine Steigerung von 0,25 Prozent bis 2020. Ob dieser positive Effekt gehalten werden kann, wird auch in dieser Studie davon abhängig gemacht, wie gut die Flüchtlinge in den Arbeitsmarkt und die jeweiligen Gesellschaften integriert werden.[93]

Eine wichtige wirtschaftliche Folge der Flüchtlingskrise ist, dass der Schengen-Raum gefährdet ist. Seit über 30 Jahren gewährleistet Schengen freien Warenverkehr, Reisefreiheit und Durchfahrten ohne Grenzkontrollen. Seit der Flüchtlingskrise haben jedoch einige Mitgliedstaaten (Deutschland, Schweden, Österreich, Frankreich, Norwegen und Dänemark) wieder Grenzkontrollen eingeführt. Wenn diese Kontrollen verschärft werden, gefährdet das den europäischen Binnenmarkt. Kleinere Spediteure und auch große Logistiker sind von der jetzigen Situation schon betroffen. Auch in Deutschland wirkt sich die Lage des Schengen-Raums negativ aus. Zusätzliche Wartezeiten, zusätzliche Bürokratie oder die Umstellung der Just-in-time-Lieferung auf deutlich teurere Lagerhaltung wirkt sich negativ auf die Unternehmen aus. Schon die Kontrollen an der Grenze zwischen Deutschland und

---

90 Vgl. OECD 2017, Ausgabe 2017/1 S.27

91 Vgl. OECD 2017, Ausgabe 2017/1 S.27

92 Vgl. OECD 2017, Ausgabe 2017/1 S.28

93 Vgl. Aiyar, Barkbu, Batini, u.a, The Refugee Surge in Europe, S. 14 f.

Österreich führten für österreichische Spediteure und Busunternehmen zu jährlichen Mehrkosten von 100 Millionen Euro.[94]

---

[94] Vgl. Meier, Wirtschaftskrise und Schengen, in: Der Tagespiegel 2016

4 Internationales Flüchtlingsrecht

In diesem Kapital wird das Flüchtlingsrecht näher vorgestellt. Dazu ist von Bedeutung, dass die Historie und die Entwicklung des Flüchtlingsrechts näher betrachtet werden, um später auf die Problematik eingehen zu können. Das Flüchtlingsvölkerrecht ist die Basis für alle Rechte, die darauf folgen. Daher wird erstens auf die Historie des Flüchtlingsvölkerrechts eingegangen, anschließend auf die Genfer Flüchtlingskonvention Bezug genommen. Folgend wird auf das europäische Flüchtlingsrecht eingegangen und erläutert, inwiefern das europäische Flüchtlingsrecht mit dem internationalen Flüchtlingsrecht verbunden ist.

Die rechtliche Bewältigung großer Fluchtbewegungen ist seit Beginn des 19. Jahrhunderts ein Thema. Zur damaligen Zeit war die Frage wie die Menschen die an politischen Umsturzversuchen beteiligt waren und nach deren Scheitern gezwungen waren das Land zu verlassen, behandelt werden sollten. Mit den Auslieferungsersuchen der Herkunftsländer konfrontiert, [...] beriefen sich die Aufnahmeländer, auf das souveräne Recht jeden Staates, selbst darüber zu entscheiden, welche „Fremden“ sie in ihrem Staat Aufnahme gewähren wollen, zu verstehen ist die Gewährung eines territorialen Asyls.[95] Diesem Recht des Staates, territoriales Asyl zu gewähren, steht auf der Ebene des Völkerrechts keine Pflicht gegenüber[...]. Anders als das subjektive Recht aus Asyl aus heutiger Sicht. [96]

Erst nach dem Ersten Weltkrieg wurde das Flüchtlingsthema zu einem Problem in Europa. Ursächlich dafür war die Flucht der Armenier nach Europa. Zusätzlich zu den Massakern und Verfolgungen, die schon im 19. Jahrhundert stattgefunden hatten folgte 1922 die Vertreibung der noch auf ihrem Territorium lebenden Armenier und anderer Minderheiten durch die Türkei. Eine weitere Ursache war die Oktoberrevolution 1917 in Russland, die eine Fluchtwelle von etwa einer Million Menschen auslöste. Später lösten die Machtergreifung Mussolinis in Italien und der Bürgerkrieg in Spanien Fluchtbewegungen aus. Und endlich gab es die Fluchtbewegungen, die durch den Nationalsozialismus in Deutschland ab 1933 verursacht wurden.[97] Vor diesem Hintergrund entstanden im Rahmen des Völkerbunds in den Jahren 1926 und 1928 zunächst unverbindliche Vereinbarungen, 1933 und 1938

[95] Vgl. Ritgen in: Meyer/Ritgen/Schäfer/Bartels/Götz/Oltmer, Flüchtlingsrecht und Integration S. 100

[96] Vgl. Randelzhofer in: Maunz/Dürig, Art. 16a GG Rn. 22

[97] Vgl. Tiedemann, Flüchtlingsrecht, S. 5

dann auch völkerrechtlich bindende Abkommen über die Rechtstellung von Flüchtlingen. Nach dem ersten Weltkrieg wurden die Flüchtlinge mit dem sogenannten „Nansen Pass“ ausgestattet, dieses vom Aufenthaltsland des Flüchtlings auszustellende Identitätspapier genügte der damals eingeführten Passpflicht, eröffnete das Recht auf Rückkehr in dieses Land und diente auch dazu, den Flüchtlingen eine reguläre Weiterreise aus dem Land des ersten Aufenthalts zu ermöglichen, um so für eine bessere Verteilung zu sorgen.[98] Dadurch haben die Flüchtlinge ein Recht auf Zugang zum Sozialversicherungssystem, der öffentlichen Fürsorge, dem Bildungssystem und teilweise auch zum Arbeitsmarkt erhalten. Die erwähnten Vereinbarungen und Abkommen über die Rechtsstellung von Flüchtlingen beruhten zwar auf humanitären Erwägungen, Hauptziel war jedoch, irregulären Wanderungsbewegungen von Flüchtlingen vorzubeugen.[99]

4.1 Die Genfer Flüchtlingskonvention

Diese prinzipielle Unterscheidung zwischen dem Rechtsstatus eines bereits aufgenommenen Flüchtlings und dem Recht auf Asyl, [...], ist auch für die bis heute gültige Genfer Flüchtlingskonvention vom 28.7.1951 kennzeichnend.[100] Die Genfer Flüchtlingskonvention legt klar fest, wer ein Flüchtling ist, und welchen rechtlichen Schutz, welche Hilfe und welche sozialen Rechte sie oder er von den Unterzeichnerstaaten erhalten sollte.[101] Die GFK gewährt kein „Asylrecht“, anders als das im Grundgesetz für die Bundesrepublik Deutschland verankerte Asylrecht, denn nach Art. 16 a Abs.1 GG genießen politisch Verfolgte Asyl.[102]

Für den Schutz von Flüchtlingen sind in erster Linie die Regierungen der Aufnahmeländer verantwortlich. Die 146 Vertragsstaaten des Abkommens und/oder des Protokolls über die Rechtsstellung der Flüchtlinge sind verpflichtet, ihre Bestimmungen auszuführen. Ob die Reise in das Zielland legal oder illegal erfolge, spielt dabei im Grundsatz keine Rolle. Art 31 Abs. 1 GFK verlangt Straffreiheit für Flüchtlinge, die illegal in das Gebiet eines Staats einreisen oder sich dort aufhalten. Voraussetzung für die Straffreiheit ist, dass die Flüchtlinge sich unverzüglich bei den

98 Vgl. Ritgen in: Meyer/Ritgen/Schäfer/Bartels/Götz/Oltmer, Flüchtlingsrecht und Integration, S. 100

99 Vgl. Tiedemann, Flüchtlingsrecht , S.100

100 Vgl. Tiedemann, Flüchtlingsrecht , S.100

101 Vgl. Bundesamt für Migration und Flüchtlinge, Genfer Flüchtlingskonvention

102 Art. 16 a GG

Behörden melden und rechtfertigende Gründe für die unrechtmäßige Einreise oder den unrechtmäßigen Aufenthalt darlegen.[103]

Vor der GFK war im Jahr 1946 die „International Refugee Organisation“ (IRO), damit beauftragt, zur Lösung des europäischen Flüchtlingsproblems nach dem Ende des zweiten Weltkriegs beizutragen. Die IRO sollte Flüchtlinge einerseits dabei unterstützen, in ihre Heimatländer zurückzukehren(„Repatriation“), andererseits sie dabei unterstützen, in anderen Ländern eine neue Heimat zu finden(„Resettlemet“). Die Organisation beente 1952 ihre Tätigkeit und wurde von der UNHCR als Nachfolger ersetzt. Bereits 1950 beschloss UNHC ihr Statut, das auf einem erweiterten Flüchtlingsbegriff basiert. Von Anfang an reichte das Mandant des Flüchtlingshilfswerks der Vereinten Nationen über die Flüchtlinge im Sinne der GFK hinaus. Heute bezieht sich die Tätigkeit der UNHCR etwa auch auf Binnenflüchtlinge.[104]

Da die GFK kurz nach dem Zweiten Weltkrieg entstand, war die darin enthaltene Definition des Flüchtlingsbegriffs vorerst auf Personen bezogenen, die sich außerhalb ihres Herkunftslands befanden und infolge von Ereignissen, die vor dem 1. Januar 1951 und je nach Erklärung des Vertragsstaates in Europa oder auch anderswo eingetreten sind, zu Flüchtlingen wurden. Für den Schutz von Flüchtlingen sind in erster Linie die Regierungen der Aufnahmeländer verantwortlich. Die 146 Vertragsstaaten des Abkommens und/oder des Protokolls über die Rechtstellung der Flüchtlinge sind verpflichtet, ihre Bestimmungen auszuführen.[105] Aus Artikel 1 B GFK folgt darüber hinaus, dass die Signatarstaaten der Konvention die Möglichkeit haben, die Verpflichtungen auf Personen zu beschränken, die sich aufgrund von Ereignissen auf der Flucht befinden, die sich vor dem genannten Datum in Europa eingetreten sind.[106]

Angesichts neuer Flüchtlingskrisen in den fünfziger und sechziger Jahren wurde es notwendig, sowohl den zeitlichen als auch den geografischen Anwendungsbereich der Genfer Flüchtlingskonvention auszuweiten, weshalb ein Protokoll zum Abkommen ausgearbeitet und verabschiedet wurde, und zwar das Protokoll über die Rechtsstellung der Flüchtlinge vom 31. Januar 1967 ("New Yorker

---

[103] Vgl. Ritgen in: Meyer/Ritgen u. a. Flüchtlingsrecht und Integration, S. 101

[104] Vgl.Ritgen in: Meyer/Ritgen u.a, Flüchtlingsrecht und Integration, S. 101

[105] Vgl. UNHCR Abkommen über die Rechtsstellung der Flüchtlinge, S. 3

[106] Vgl. Ritgen in: Meyer/Ritgen u. a, Flüchtlingsrecht und Integration, S. 102

Protokoll").Seither sind die Vertragsstaaten im Grundsatz verpflichtet, die Konvention ohne jede zeitliche oder geografische Einschränkung anzuwenden. Allerdings hatten die Staaten, die ursprünglich den Anwendungsbereich der Konvention auf Ereignisse in Europa eingeschränkt hatten, nach Artikel 1 Nr. 3 des Protokolls die Möglichkeit, diesen weiterhin aufrechtzuerhalten. Davon hat die Türkei Gebrauch gemacht. [107] Die Türkei war damit der Menschen, die aus Syrien, Afghanistan oder dem Irak fliehen, nicht an die GFK gebunden. Diese beiden völkerrechtlich verbindlichen Verträge wurden von den bedeutendsten Staaten der Welt unterzeichnet und ratifiziert. Es kann daher als eine Grundform des internationalen Völkerrechts angesehen werden, dass fast überall auf der Welt Flüchtlinge einen besonderen Schutz haben.[108]

Die GFK regelt nur die Rechtstellung im Asyl, beinhaltet jedoch kein subjektives Recht auf Asyl. Die Entscheidung über die Aufnahme von Flüchtlingen auf ihr Territorium sehen die Vertragsstaaten als ihr souveränes Recht. Daher wird auf nationaler Ebene geregelt wer konkret als Flüchtling im Sinne der GFK anerkannt wird.[109]

4.1.1 Flüchtling im Sinne der GFK

Der Begriff Flüchtling im Sinne der GFK ist in Art. 1 A Nr. 2 der Konvention geregelt. Flüchtling ist, wer sich aus begründeter Furcht vor Verfolgung wegen seiner Rasse, Religion, Nationalität, Zugehörigkeit zu einer bestimmten sozialen Gruppe oder wegen seiner politischen Überzeugung außerhalb des Landes seiner Staatsangehörigkeit oder als Staatenloser außerhalb des Landes seines gewöhnlichen Aufenthalts befindet und den Schutz dieses Staates nicht in Anspruch nehmen kann oder wegen dieser Befürchtung nicht in Anspruch nehmen will.[110]

Eine zweite Gruppe erhält als so genannte Konventionsflüchtlinge Aufnahme. Die GFK garantiert ihnen Schutz vor Abschiebung. In Deutschland wird der Begriff im Zusammenhand mit dem § 60 Abs.1 AufentG verwendet. Die Tatbestandsmerkmale in § 60 Abs. 1 AufenthG sind einschlägig mit denen der GenferFlüchtlingskonvention. Es sind Zugewanderte, die in ihrem Heimatstaat auf Grund ihrer Rasse,

[107] Vgl. Ritgen in: Meyer/Ritgen, u. a, Flüchtlingsrecht und Integration S. 102
[108] Vgl. Ritgen in: Meyer/Ritgen, u. a. Flüchtlingsrecht und Integration, S. 102
[109] Vgl. Hailbronner, Asyl- und Ausländerrecht. S. 380
[110] Vgl. Hailbronner, Asyl- und Ausländerrecht., S. 381

Religion, Staatsangehörigkeit oder Zugehörigkeit zu einer bestimmten sozialen Gruppe bedroht, aber nicht nach dem Grundgesetz asylberechtigt sind.[111]

4.1.1.1 Wer kann sich auf den Schutz der GFK berufen?

Auf den Schutz der GFK kann sich nur berufen, wer verfolgt wird. Es ist erforderlich, dass die Verfolgung aus den in Art.1 A Nr.2 GFK genannten spezifischen Verfolgungsgründen heraus erfolgt. Eine im Sinne der GFK Verfolgungshandlung liegt nur vor, wenn sie gezielt dem Schutzsuchenden Schaden zufügen soll, das betrifft auch Menschen, die selbst noch nicht konkret bedroht sind, aber zu einer Gruppe von Menschen gehören, die generell von Verfolgung bedroht sind. Wer vor Hunger, Naturkatastrophen o.Ä. flieht, ist kein Flüchtling im Sinne der GFK.[112]

Kriegs- und Bürgerkriegsflüchtlinge sind nach Art. 1 A Nr. 2 GFK keine „Verfolgten" und daher auch nicht als Flüchtlinge anzuerkennen, dementgegen wird vor allem mit Blick auf Bürgerkriege, oder internationale Kriege differenziertere Haltung eingenommen und argumentiert, dass auch in Situationen, in denen willkürliche Gewalt das Geschehen prägt, eine im Sinne der GFK relevante Verfolgung vorliegen kann. Allgemein hat sich diese Sichtweise nicht durchgesetzt.[113]

4.1.1.2 Ausschlussgründe

In Art. 1 D, E und F sieht die GFK eine Reihe von Tatbeständen vor, die dazu führen, dass Personen, die nach Art. 1 A GFK als Flüchtling anzuerkennen wären, sich jedoch im Sinne der Exklusionsklausel nicht auf den Schutz der Konvention berufen können. Kein Flüchtling ist danach gem. Art. 1 D GFK, wer den Schutz und den Beistand einer Organisation oder Institution der Vereinten Nationen genießt (derzeit nur UNRWA). Nach Art. 1 F lit. a GFK finden die Bestimmungen keine Anwendung auf Personen, die ein Verbrechen gegen den Frieden. Kriegsverbrechen, Verbrechen gegen die Menschlichkeit begangen haben. Art. 1 F lit. b GFK schließt Personen aus, die schwere nichtpolitische Verbrechen außerhalb des Aufnahmelandes begangen haben. Nach Art. 1 F lit. c GFK sind ebenfalls keine Flüchtlinge, die

111 Vgl. Schneider, Flucht und Asylmigration

112 Vgl. Ritgen in: Meyer/Ritgen, u. a, Flüchtlingsrecht und Integration, S. 102

113 Vgl. Ritgen in: Meyer/Ritgen, u. a. Flüchtlingsrecht und Integration, S. 102 zitiert nach, Markard, Nora, Kriegsflüchtlinge 2014

Handlungen vorgenommen haben, die den Zielen und Grundsätzen der UN zuwiderlaufen.[114]

4.1.1.3 Beendigungstatbestände

Die Flüchtlingseigenschaft endet mit dem Wegfall der Verfolgungsgründe.[115] Außerdem nennt Art. 1 C GFK eine Reihe von Beendigungsgründen. Gemäß Art. 1 C Ziff. 1 GFK fällt eine Person nicht mehr unter die GFK: „wenn sie sich freiwillig erneut dem Schutz des Landes, dessen Staatsangehörigkeit sie besitzt, unterstellt" oder „wenn sie nach dem Verlust ihrer Staatsangehörigkeit diese freiwillig wiedererlangt hat" oder „wenn sie freiwillig in das Land, das sie aus Furcht vor Verfolgung verlassen hat zurückkehrt".[116]

4.1.2 Rechtstellung der Flüchtlinge

Flüchtlinge haben u.a. nach Art. 17 ff GFK Rechte auf Zugang zum Wohnungs- und Arbeitsmarkt, gem. Art. 22 GFK zu Bildungseinrichtungen, gem. 23 GFK zu Sozialleistungen. Weiterhin genießen sie nach Art. 26 GFK Freizügigkeit im Staat der Anerkennung. Schließlich genießen Flüchtlinge nach Art. 32 GFK einen besonderen Schutz vor Ausweisung.

Kernstück des Abkommens ist das Gebot des sogenannten Non-Refoulement-Prinzips (Nicht-Zurückweisung), das den individuellen Schutzanspruch gegenüber dem Unterzeichnerstaat vor Abschiebung in eine Verfolgungsgefahr manifestiert. (Art. 33 Abs. 1 GFK). Demnach müssen die Vertragsstaaten der GFK Flüchtlinge nicht aufnehmen oder anerkennen, sie dürfen sie jedoch nicht in Länder ausweisen, in denen ihnen Verfolgung droht.[117]

Ein Flüchtling hat auch noch andere Rechte:

- gem. Art. 3 GFK auf Schutz vor Diskriminierung aufgrund von Rasse, Religion oder Herkunftsland
- gem. Art. 4 GFK auf Religionsfreiheit
- gem. Art. 7 Nr. 1 GFK auf Gleichbehandlung gegenüber anderen Ausländern
- gem. Art. 16 GFK auf Zugang zu den Gerichten

---

114 Vgl. Ritgen in: Meyer/Ritgen, u. a. Flüchtlingsrecht und Integration, S. 103
115 Vgl. Ritgen in: Meyer/Ritgen u.a. Flüchtlingsrecht und Integration, S. 104
116 Art. 1 C GFK
117 Vgl. Ritgen: Meyer/Ritgen u. a., Flüchtlingsrecht und Integration, S. 104

- gem. Art. 28 GFK auf einen Reiseausweis
- gem. Art. 31 Abs.1 GFK auf Straffreiheit in Bezug auf die illegale Einreise bei unmittelbarer Einreise aus dem Fluchtland und sofortiger Meldung bei den Behörden

In der GFK sind auch Pflichten des Flüchtlings festgelegt:

- gem. Art. 2 GFK hat der Flüchtling die Gesetze und Bestimmungen des Asyllandes zu respektieren

4.1.3 Bedeutung der GFK für Deutschland

Dem Abkommen gehören heute knapp 150 Staaten an. Die Bundesrepublik Deutschland gehörte zu den ersten Unterzeichnern.[118] Die GFK gilt in Deutschland grundlegend mit dem Rang eines einfachen Bundesgesetzes (Art. 59 Abs.2 GG). Ihre wesentlichen Regelungen sind- vermittelt über das Recht der EU- mittlerweile auch unmittelbarer Bestandteil des nationalen Asylrechts geworden. Das gilt insbesondere für die Regelungen über den internationalen Schutz in den §§ 3-3 e AsylG[119]

Bedeutend ist auch, dass die GFK durch Art. 18 GRC und Art. 78 AEUV auf der Ebene des europäischen Primärrechts verankert ist. Das hat aus deutscher Perspektive zur Folge, dass die GFK als integraler Bestandteil des Unionsverfassungsrecht, zu beachten ist.[120]

4.2 Weitere Rechtsakte des Flüchtlingsvölkerrechts

Neben der GFK sind auch weitere Rechtsakte in Bezug auf die Aufnahme von Schutzsuchenden von Bedeutung. Einen dieser Rechtsakte ist die Allgemeine Erklärung der Menschenrechte. Am 10. Dezember 1948 verabschiedete die Generalversammlung der Vereinten Nationen die AEMR, in deren Artikel 14 auch das Recht auf Asyl aufgeführt ist: „Jeder hat das Recht, in anderen Ländern vor Verfolgung Asyl zu suchen und zu genießen."[121] In der Praxis findet dieser Rechtsakt nicht mehr statt, daher wird darauf verzichtet näher darauf einzugehen.[122]

---

[118] Vgl. Kapustina, Stichwort: Die Genfer Flüchtlingskonvention

[119] Vgl. Ritgen in: Meyer/Ritgen u. a., Flüchtlingsrecht und Integration, S. 107

[120] Vgl. Ritgen in: Meyer/Ritgen u. a., Flüchtlingsrecht und Integration, S. 107

[121] Vgl. Cremer, Menschenrecht Asyl, S. 1

[122] Vgl. Ritgen in: Meyer/Ritgen u. a., Flüchtlingsrecht und Integration, S. 107

4.2.1 EMRK

Die EMRK ist eine Konvention zum Schutze der Menschenrechte und Grundfreiheiten, sie wurde bereits im Jahr 1950 in Rom vom Europarat verabschiedet und ist drei Jahre später, am 3. September 1953, durch die Ratifizierung von 10 Staaten u.a. Deutschland, in Kraft getreten. Seit 2009 sind 47 Staaten der Welt der EMRK gebunden, dazu gehören alle Mitgliedstaaten. Die EMRK ist ein Vertrag der dem Völkerrecht untersteht, daher schafft sie Verpflichtungen zwischen den Mitgliedstaaten.[123] Die EMRK unterscheidet sich von der GFK dadurch, dass sie ein Rechtschutzsystem zur gerichtlichen Überprüfung der Einhaltung der Garantien vorsieht, somit wurde erstmals in Europa ein völkerrechtlich verbindlicher Grundrechteschutz geschaffen, der von jedermann einklagbar ist. Die Europäische Menschenrechtskonvention ist damit das gewichtigste Menschenrechtsübereinkommen in Europa.[124]

Die Rechte von Flüchtlingen wurden in der EMRK gestärkt, insbesondere durch das Verbot der Folter.[125] In Art.13 EMRK, wird verdeutlicht, dass bei einer Verletzung der in der EMRK enthaltenen Rechte, innerstaatliche Beschwerde eingereicht werden kann, dieser muss kein Gericht sein, sondern kann auch eine Behörde sein.[126] Des Weiteren enthalten die EMRK u.a. das Recht, dass niemand unmenschlicher oder erniedrigender Strafe oder Behandlung unterworfen werden darf.[127] Die EMRK enthält direkt zu Beginn in ihrem Artikel 2 die Gewährleistung des bedeutendsten Menschenrechts überhaupt: des Rechts auf Leben[128]. Weiterhin ist in Art. 8 EMRK der Schutz von vier Rechten zusammengefasst (Privat-und Familienleben, Wohnung und Korrespondenz). In den einzelnen Mitgliedstaaten werden diese Bereiche meist durch unterschiedliche Grundrechte geschützt (in Deutschland z.B. Art. 1, Art. 6, Art. 10, Art. 13 GG). Der Art. 8 schützt weder vor Abschiebung, noch garantiert er einen Recht auf Familiennachzug[129]

123 Vgl. Frowein in: Frowein/Peukert, EMRK S. 2

124 Vgl. Ritgen in: Meyer/Ritgen u. a., Flüchtlingsrecht und Integration, S. 108

125 Art.3 EMRK

126 Vgl. Meyer-Ladewig, EMRK Art. 13 Rn. 20

127 Art. 3 EMRK

128 Art.2 EMRK

129 Vgl. Meyer-Ladewig/Nettesheim/Raumer, EMRK Art. 8 Rn. 1

Wie die GFK statuiert auch die EMRK kein Recht auf Asyl oder Aufenthalt. Die Konventionsstaaten können frei über Einreise, Aufenthalt oder Abschiebung entscheiden. Die einzigen Vorschriften, die vor Abschiebung schützen, sind in Art. 3 Prot. Nr. 4 und Art. 4 Prot. Nr.4 enthalten. In Art. 4 Prot. Nr.4 wird nochmals ausdrücklich erwähnt, dass die „Kollektivausweisung" ohne jede Ausnahme verboten ist.[130] Das 4. ZPEMRK ist noch nicht ratifiziert worden von Großbritannien, Griechenland, der Schweiz und der Türkei. Ein Abschiebeverbot außerhalb des Zusatzprotokolls ist anerkannt in der Rechtsprechung der EGMR, dort heißt es, dass ein Staat gegen die Art. 3 verstößt, wenn er eine Person in einen anderen Staat abschiebt, obwohl sie ernsthafte Gründe dafür vorgetragen hat, dass im Aufnahmeland die ernsthafte Gefahr einer Behandlung besteht.[131]

4.2.2 Bedeutung der EMRK für Deutschland

Deutschland hat die EMRK bereits am 5.12.1952 ratifiziert und gehört somit zu den Erstunterzeichnern. Die EMRK als völkerrechtlicher Vertrag gilt in Deutschland im Range eines Bundesgesetzes, wie auch die GFK. Die in Art. 46 Abs.1 EMRK statuierte Bindungswirkung der Entscheidungen des EGMR erstreckt sich auf alle staatlichen Organe und verpflichtet diese, im Rahmen ihrer Zuständigkeit Konventionsverstöße zu beenden und einen konventionsgemäßen Zustand herzustellen.[132] Außerdem ist das Abschiebeverbot in § 60 Abs. 5 AufenthG und § 60 Abs. 7 AufenthG geregelt, demnach dürfen Ausländer nicht abgeschoben werden, soweit sich aus der EMRK ergibt, dass die Abschiebung unzulässig ist.[133]

4.2.3 Legalität des sogenannten Türkei-Deals

An dieser Stelle ist die Frage zu beantworten, ob der Türkei-Deal legal ist. Das internationale Flüchtlingsrecht untersagt, wie bereits erläutert, nicht nur die Rückschiebung in unsichere Staaten, sondern auch Kollektivausweisungen.

Die Türkei hat sich auf den Artikel 1 Nr. 3 des New Yorker Protokolls gestützt und somit den Anwendungsbereich der GFK nur auf Europa beschränkt. Daraus folgt, dass die Türkei damit in Hinblick der Menschen, die aus Syrien fliehen, nicht an die

[130] Vgl. Meyer-Ladewig, EMRK Art. 3 Rn. 64

[131] Vgl. Meyer-Ladewig, EMRK Art.3 Rn.65

[132] Vgl. Ritgen in: Meyer/Ritgen, u. a., Flüchtlingsrecht und Integration S. 112

[133] Vgl. Huber/Beichel-Benedetti, Aufenthaltsgesetz § 60 Rn.55

GFK gebunden ist. Somit gilt die Türkei nicht als sicherer Drittstaat für diese Menschen. Demnach dürften die aus Syrien stammenden Flüchtlinge nicht in die Türkei abgeschoben werden. Doch an dieser Stelle hat die Türkei im Rahmen des Deals einen Schutzstatus für syrische Flüchtlinge eingeräumt und den Zugang zum Arbeitsmarkt zugelassen.[134] Demzufolge war die erste Problematik gelöst. Für das Verbot der Kollektivausweisung wurde ebenfalls eine Lösung gefunden. Die Hotspot-Zentren, die zunächst als Registrierungszentren genutzt werden sollten, wurden in Italien und Griechenland im Winter 2015/2016 eingerichtet. Nach Einführung des Türkei-Deals übernahmen die Hotspot-Zentren in Griechenland nicht mehr die Aufgabe zur Registrierung der Flüchtlinge, sondern prüften nur noch, ob es bei der Abschiebung in die Türkei rechtliche Hindernisse gibt. Deshalbwurden „individuelle Prüfungen" vor der Abschiebung durchgeführt, was die Kollektivausweisung ausschließt.[135] Somit wurde das Türkei-Abkommen legalisiert.

4.3 Flüchtlingsschutz im Recht der EU

Im Folgenden soll das europäische Flüchtlingsrecht näher definiert werden. Zunächst wird eine historische Zusammenfassung des Asylrechts der EU gegeben. Des Weiteren wird der aktuelle Besitzstand des Flüchtlingsrechts in der EU betrachtet. Daraufhin werden die Rechtsgrundlagen des europäischen Flüchtlingsrechts, eingeteilt in Primär- und Sekundärrechte, einleitend skizziert. Das Primärrecht nimmt in der Unionsrechtsordnung die höchste Rangstufe ein. In erster Linie werden daher der Vertrag über die Europäische Union (EUV), der Vertag über die Arbeitsweise der Europäischen Union (AEUV) und die Charta der Grundrechte (GRC) analysiert. Die Sekundärrechte, bestehend aus Richtlinien und Verordnung, werden, den Primärrechten folgend, vorgestellt. Anschließend wird analysiert, ob diese Rechte in ausgewählten EU-Mitgliedstaaten umgesetzt werden.

4.3.1 Geschichte der europäischen Flüchtlingspolitik

Die europäische Asylpolitik entstammt wie alle anderen Politikfelder den Römischen Verträgen von 1957. Die Migrations- und Asylpolitik wird jedoch nicht in diesen Verträgen explizit erwähnt, da die wirtschaftlichen Interessen im Vordergrund standen. Geregelt wurde die Migration von EG-Angehörigen zwischen den Ländern

134 Vgl. Kasparek, Europas Grenzen: Flucht, Asyl und Migration, S. 107
135 Vgl. Kasparek, Europas Grenzen: Flucht, Asyl und Migration, S. 108

der Gemeinschaft. Nicht geregelt war andererseits der Zugang von Drittstaatsangehörigen.[136]

Das gesamteuropäische Asyl- bzw. Flüchtlingsrecht verdankt seine letztliche Entstehung der Abschaffung der Kontrollen an den Binnengrenzen. Das Schengener Abkommen (Schengen I) von 1985 ermöglichte die Abschaffung der Binnengrenzen (zwischen den Schengen-Unterzeichnerstaaten). Zudem führten die weltweite Wirtschaftskrise und die politischen Konflikte Ende der 1980er-Jahre zu einem starken Anstieg der Fluchtbewegungen nach Westeuropa. Die am stärksten von Zuwanderung betroffenen Staaten Belgien, Deutschland, Frankreich, Luxemburg und die Niederlande einigten sich in der Folge im Jahr 1990 auf das so genannte Schengener Durchführungsübereinkommen (SDÜ, Schengen II).[137] Das Schengener Abkommen und auch das parallel entwickelte und 1997 in Kraft getretene Dubliner Übereinkommen verfolgen das gemeinsame Ziel, zu verhindern, dass sich Asylsuchende den Wegfall der Kontrollen an den Binnengrenzen zunutze machen, um sich ein Mitgliedstaat auszusuchen (sog. „Asyl-Shopping), von dem sie meinen, dass dieser Mitgliedstaat die günstigsten Aufnahmebedingungen bietet. Außerdem sollte sichergestellt werden, dass Kompetenzkonflikte zwischen den Mitgliedstaat nicht dazu führen, dass Asylsuchende hin und her geschoben werden und ein Mitgliedstaat sich für nicht zuständig erklären kann. Die Übereinkommen von Schengen und Dublin beschränkten sich auf die Durchführung von Asylverfahren. Mindeststandards der Anerkennungsvoraussetzungen, der Anerkennungsverfahren und der Aufnahmebedingungen waren mit diesen völkerrechtlichen Vereinbarungen zwischen einigen der Mitgliedstaaten der damaligen EG nicht verbunden.[138]

Mit dem Amsterdamer Vertrag vom 2.10.1997, der am 1.5.1999 in Kraft trat, wurden die kompetenzrechtlichen Grundlagen für eine Harmonisierung des Asylrechts geschaffen. Ab dem Jahr 2000 erließen die Gesetzgebungsorgane eine Reihe von Sekundärrechtsakte zur Ausgestaltung der europäischen Asylpolitik. Somit wurde das völkerrechtliche Übereinkommen von Dublin durch die Dublin II-Verordnung ersetzt. Der Schengen- Besitzstand wurde mit Inkrafttreten des Amsterdamer Vertrags Bestandteil des Gemeinschaftsrechts. Das gilt sowohl für das eigentliche Übereinkommen von Schengen vom 14.6.1985 wie auch für das Übereinkommen zur Durchführung des Übereinkomme von Schengen (SDÜ). Ein großer Teil der

---

[136] Vgl Hasse/Jugl, Asyl- und Flüchtlingspolitik der EU, S.1

[137] Vgl. Hasse/Jugl, Asyl- und Flüchtlingspolitik der EU, S.1 f.

[138] Vgl. Ritgen in: Meyer/Ritgen u. a., Flüchtlingsrecht und Integration, S. 118

Bestimmungen des SDÜ ist dann durch den sog. „Schengener Grenzkodex" ersetzt worden. (Verordnung (EG) Nr.562/2006 vom 15.3.2006). Die Dublin-II- Verordnung wurde zudem inzwischen auch ersetzt, durch die Dublin III- Verordnung. Des Weiteren wurden in den Jahren 2003-2005 die ersten Fassungen der Asylrichtlinien erlassen.[139]

Im Vertrag von Lissabon (2007) wird der Verwirklichung eines Raums der Freiheit, der Sicherheit und des Rechts große Bedeutung beigemessen[140]. Rechtsgrundlage ist Art. 3 Abs.2 EUV; dieser lautet:

„Die Union bietet ihren Bürgerinnen und Bürgern einen Raum der Freiheit, der Sicherheit und des Rechts ohne Binnengrenzen, in dem – in Verbindung mit geeigneten Maßnahmen in Bezug auf die Kontrollen an den Außengrenzen, das Asyl, die Einwanderung sowie die Verhütung und Bekämpfung der Kriminalität – der freie Personenverkehr gewährleistet ist"[141]

Der Vertrag von Lissabon ordnete und erweiterte die Bestimmungen über Grenzkontrollen, Visa und Einwanderung. Die asylbezogenen Kompetenzvorschriften wurden als 78 AEUV neu gefasst und ausgeweitet, seitdem kann die Union nicht nur Mindestvorschriften erlassen, sondern es wird eine Harmonisierung ermöglicht, in Form von gemeinsamen Regelungen.[142]

4.4 Europäisches Flüchtlingsrecht

Das europäische Flüchtlingsrecht ist eng mit dem Flüchtlingsvölkerrecht verbunden. Entsprechende Handlungsermächtigung für eine „gemeinsame Politik" enthält der AEUV in den Art. 77-80 AEUV. Diese bilden ein Teil des Programms zur Schaffung eines „Raumes der Freiheit, der Sicherheit und des Rechts" (RFSR).[143] Der auf der Grundlage von Art. 3 Abs.2 EUV und Art. 67 Abs.1 AEUV errichteten RFSR soll unter anderem durch Kontrollen an den Außengrenzen sowie durch Maßnahmen in Asyl- und Einwanderungsfragen gewährleisten.[144]Dazu gehören

[139] Vgl. Hasse/Jugl, Asyl- und Flüchtlingspolitik der EU , S.1 f.

[140] Vgl. Europäisches Parlament, Raum der Freiheit, der Sicherheit und des Rechts

[141] Vgl. Ruffert in: Pernice, Kolloquium zum 10. Geburtstag des WHI & Walter-Hallstein-Institut für Europäisches Verfassungsrecht 2008, S. 170

[142] Vgl. Epiney in: Bieber/Epiney/Haag/Kotzur, Die Europäische Union S. 474

[143] Höllmann, Flucht ins ungelobte Land, S. 41 zitiert nach; Müller-Graf/Kainer 2011, S. 75

[144] Vgl. Epiney in: Bieber/Epiney/Haag/Kotzur, Die Europäische Union, S.469

neben EUV und AEUV auch die GRC. In diesen genannten Primärrechten sind Verweise auf die GFK und ebenso auf die EMRK zu finden.

4.4.1 Grundrechtecharta

Nach Art. 51 GRC gilt die Grundrechtecharta nur bei der Durchführung von Unionsrecht. Die GRC gilt als Maßstabsnorm für Richtlinien und Verordnungen, wirkt sich dagegen nur mittelbar auf das nationale Recht aus.[145] In Art. 18 GRC wird das „Recht auf Asyl" gewährleistet und für die Einhaltung der GFK gesorgt[146]. Das in Art. 18 GRC genannte „Recht auf Asyl" führt nicht zu einem subjektiven Recht auf Asyl. Art.18 kann im Einzelfall zu einem Bleiberecht führen, ohne aber generell ein dauerhaftes Bleiberecht zu vermitteln.[147] Für die Union bedeutet das, dass weder aus der GFK noch aus Art. 18 GRC, eine Verpflichtung sich ergibt, sekundärrechtliche Regelungen zu erlassen, die Flüchtlingen ein subjektives Recht auf Asyl gewähren.[148]

Außerdem gewährleistet Art. 19 Abs.1 GRC Schutz vor Abschiebung, Ausweisungen sowie Auslieferungen, die mit der Menschenwürde nicht vereinbar sind und Kollektivausweisungen, dieser Absatz entspricht also Art. 4 4. ZPEMRK.[149] Art. 19 Abs. 2 GRC bietet Schutz gegen eine Ausweisung, wenn dadurch der Betroffene in einen Staat kommt, in dem für ihn das ernsthafte Risiko der Todesstrafe, der Folter oder einer anderen unmenschlichen oder erniedrigenden Strafe oder Behandlung besteht[150]; in diesem Absatz wird das „Non-Refoulement" aus Art. 3 EMRK kodifiziert.[151]

> „Überdies ist dieser Grundsatz der Nichtzurückweisung in den Art.18 und 19 Abs. 2 der Charta der Grundrechte der Europäischen Union als Grundrecht gewährleistet"[152].

[145] Vgl. Ritgen in: Meyer/Ritgen u. a., Flüchtlingsrecht und Integration, S. 121

[146] Vgl. Jarass, GRC Art. 18 Rn.1

[147] Vgl. Jarass, GRC Art. 18 Rn.3

[148] Vgl. Ritgen in: Meyer/Ritgen u. a., Flüchtlingsrecht und Integration, S. 121

[149] Vgl. Jarass, GRC Art. 19 Rn.2

[150] Vgl. Jarass, GRC Art.19 Rn. 8

[151] Vgl. Ritgen in: Meyer/ Ritgen u. a., Flüchtlingsrecht und Integration, S. 122

[152] EuGH, Urteil v. 24.6.2015- C-373/13, Rn. 65

Im Gegensatz zu der in Art. 13 EMRK genannten verfahrensrechtlichen Garantie, garantiert Art. 47 GRC das Recht auf einen wirksamen Rechtsbefehl.[153]

Außerdem bezieht die GRC sich in Art. 52 und 53 auf die EMRK. Art. 52 Abs.3 S.1 GRC legt fest, dass die EMRK „die gleiche Bedeutung und Tragweite" haben, wie die entsprechenden Grundrechte der Konvention.[154] Dieser Artikel soll die notwendige Kohärenz zwischen der Charta und der EMRK schaffen. Mit dem „Transfer" der Norm Art. 32 Abs.3 in die GRC will das Unionsrecht autonom gewährleisten, dass der Effekt einer Charta-Norm, die einer grundrechtkonstituierenden EMRK-Norm korrespondiert [...] mindestens ebenso groß ist wie der entsprechende Effekt der betreffenden EMRK-Norm.[155]

4.4.2 Vertrag über die Arbeitsweise der Europäischen Union

Der Vertrag über die Arbeitsweise der Europäischen Union zählt zum Primärrecht der EU und ist seit 1. Dezember 2009 in Kraft. Der AEUV verdeutlicht direkt am Anfang den engen Zusammenschluss der EU, wiederspiegelt wird auch die wirtschaftliche Motivation der europäischen Integration.[156] Für das Flüchtlingsrecht relevant sind die Art. 77-Art. 80 AEUV.

Art 78 Abs. 1 AEUV ordnet ausdrücklich an, dass die EU sowohl die GFK als Gründungsdokument, die EMRK als auch die EU-Charta der Grundrechte beachtet. Da die Union, anders als die Mitgliedstaaten, kein Vertragsstaat der GFK ist, bestünde ohne die ausdrückliche Anordnung in Art. 78 keine völkerrechtliche Bindung zum GFK.[157]

Die EMRK findet Erwähnung in Art. 6 Abs. 3 EUV, dieser bezieht die in der EMRK garantierten Rechte als allgemeine Grundsätze des Unionsrechts mit ein. Dies ist ähnlich wie Art. 78 AEUV als primärrechtliche Bindung zu verstehen.[158]

---

153 Vgl. Meyer-Ladewig, EMRK Art. 13 Rn. 1

154 Vgl. Jarass, GRC Art. 52 Rn. 56

155 Vgl. Stern/Sachs, GRC Art. 53 Rn. 6

156 Vgl. Kotzur in: Geiger/Khan/Kotzur, AEUV S. 195 ff.

157 Vgl. Thym in: Kluth/Heusch, AEUV Art, 78 Rn. 1 ff.

158 Vgl. Kortländer, Die Verbindlichkeit der völkerrechtlichen Altverträge der Mitgliedstaaten für die EU, S. 246 zitiert nach Hilf in FS Bernhardt S. 1206

Art. 78 Abs. 1 AEUV regelt die eine Umfangreiche Politik auf dem Gebiet von Asyl- und Flüchtlingsfragen innerhalb der Union.[159] Die Flüchtlingspolitik muss ebenfalls mit dem Genfer Abkommen vom 28. Juli 1951 und dem Protokoll vom 31. Januar 1967 und den „anderen einschlägigen Verträgen" übereinstimmen.[160] Art. 78 Abs. 2 AEUV listet Maßnahmen auf für die Erreichung der in Abs. 1 genannten Ziels, einer gemeinsamen Asylpolitik.[161]

Diese Maßnahmen sind[162]:

- Einheitlicher Rechtsstatus von Asylanten
- Rechtsstatus von Personen, die unter subsidiärem Schutz stehen
- Vorübergehender Schutz von Vertriebenen bei einem Massenansturm
- Verfahrensvorschriften
- Dubliner Zuständigkeitsregelungen
- Aufnahmebedingungen
- Internationale Zusammenarbeit mit Drittstaaten

Art. 78 Abs. 3 AEUV enthält eine Notstandsklausel für einen plötzlichen Zustrom von Drittstaatangehörigen, der zu einer Notlage der Mitgliedstaaten führt. In dem Fall kann der Rat vorläufige Maßnahmen beschließen.[163] Von dieser Kompetenz wurde auch in der aktuellen Flüchtlingssituation Gebrauch gemacht.[164]

Art.77 AEUV regelt die innereuropäische Reisefreiheit. Somit sollen Personen unabhängig von ihrer Staatsangehörigkeit beim Überschreiten der Binnengrenzen nicht kontrolliert werden. Nach Art. 23-31 des Schengener Grenzkodex (VO[EU] Nr. 1051/2013) dürfen vorübergehende Grenzkontrollen eingeführt werden. Art. 23 Abs.1-3 erlaubt eine gesamte Verlängerung von 30 Tagen bis max. 6 Monaten dieser Grenzkontrollen.[165]

---

[159] Vgl.Rosenau/Petrus in: Vedder/Heintschel/von Heinegg, AEUV Art. 78 Rn. 1

[160] Vgl. Rosenau/Petrus in: Vedder/Heintschel von Heinegg, AEUV Art. 78 Rn. 1 ff.

[161] Vgl. Europäische Union/ Fischer, EUV/AEUV, S. 46

[162] Art. 78 Abs. 2

[163] Vgl. Ritgen in: Meyer/Ritgen u.a, Flüchtlingsrecht und Integration, S. 125

[165] Vgl. Kotzur in: Geiger/Khan/Kotzur, AEUV Art.77 Rn. 5 f.

Art. 79 Abs. 4 AEUV sieht für eine erfolgreiche Einwanderungspolitik eine erfolgreiche Integration der Drittstaatangehörigen vor. Die Zuständigkeit für die Integrationspolitik liegt in erster Linie bei den Mitgliedstaaten.[166]

Art. 80 AEUV enthält den Grundsatz zur Solidarität, dieser fordert ein europaweites Verfahren, das die Lasten der Aufnahme von Flüchtlingen gerechter auf alle Mitgliedstaaten verteilen soll. Bei der Auslegung der Sachkompetenzen der Art. 77 ff. AEUV ist der Art. 80 AEUV zu beachten, jedoch können Mitgliedstatten von der Union zur Solidarität nicht gezwungen werden.[167]

4.4.2.1 Subsidiärer Schutzstatus

Der Schutzstatus der in Art. 78 AEUV bestimmt ist, ist eine Schöpfung des Unionsrechts, in der GFK ist ein solcher Schutz nicht vorhanden. Der Gesetzgeber sieht vor, dass es einen solchen Schutzstatus geben muss, lässt aber den rechtsetzenden Organen der Union einen großen Spielraum bei der Ausgestaltung.[168] Dabei geht es um Personen, die nicht die Voraussetzung einer politischen Verfolgung erfüllen, aber anderweitig Schutz benötigen. Ein zunehmender Anteil von positiven Entscheidungen stützt sich auf den subsidiären Schutz, da die heutigen Konflikte den Verfolgungstatbestand des GFK nicht erfüllen.[169] Die Formulierung in Art. 78 Abs. 2 lit. b AEUV („die keinen Asyl-Status erhalten"), lässt den Schluss zu, dass für die Zuerkennung des subsidiären Schutzes andere Maßstäbe gelten sollen, stellt jedoch nicht fest, welche Maßstäbe dies sind.[170]

4.5 Gemeinsames Europäisches Asylsystem

Die zentralen sekundärrechtlichen Rechtsquellen des Flüchtlingsrecht sind verankert im „Gemeinsamen Europäischen Asylsystem". Das GEAS begann ab 1999 Gestalt anzunehmen und wurde im Jahr 2013 vom Europäischen Parlament und vom Europäischen Rat verabschiedet. Es wurden neue EU-Vorschriften vereinbart, die gemeinsame hohe Standards und eine stärkere Zusammenarbeit festlegen, um zu gewährleisten, dass Asylbewerber in einem offenen und gerechten System

166 Vgl. Ritgen in: Meyer/Ritgen, u.a, Flüchtlingsrecht und Integration S. 132

167 Vgl. Ritgen in: Meyer/Ritgen, u.a, Flüchtlingsrecht und Integration, S. 133

168 Vgl. Ritgen in: Meyer/ Ritgen, u.a, Flüchtlingsrecht und Integration, S.123

169 Vgl. Streinz/Weiß, AEUV Art. 78 Rn. 17

170 Vgl. Ritgen in: Meyer/Ritgen,u.a, Flüchtlingsrecht und Integration, S. 123

gleichbehandelt werden, unabhängig davon, in welchem Mitgliedstaat sie den Asylantrag stellen.

4.5.1 Ziel

In erster Linie sollen durch das GEAS wesentliche Unterschiede bei der Behandlung von Asylbewerbern innerhalb der EU beseitigt werden, damit die Mitgliedstaaten nicht zu ungleichmäßig belastet werden. Während in der ersten Phase des GEAS nur die Mindeststandards vereinbart werden konnten, soll in der zweiten Phase eine größere Anpassung unter den Mitgliedstaaten erfolgen.[171]

4.5.2 Funktionsweise

Das GEAS-Paket enthält fünf bedeutsame Rechtsakte: die Anerkennungs- und Qualifikationsrichtlinie 2011/95/EU, die Asylverfahrensrichtlinie 2013/32/EU, die Aufnahmerichtlinie 2013/33/EU, die EURODAC- Verordnung (EU) Nr. 603/2013 und die Dublin III-Verordnung (EU) Nr.604/2013). [172]

4.5.2.1 Anerkennungs- und Qualifikationsrichtlinie

Die aktuelle Fassung der Qualifikationsrichtlinie stammt vom 13. Dezember 2011 und heißt mit vollem Titel »Richtlinie 2011/95/EU über Normen für die Anerkennung von Drittstaatsangehörigen oder Staatenlosen als Personen mit Anspruch auf internationalen Schutz, für einen einheitlichen Status für Flüchtlinge oder für Personen mit Anrecht auf subsidiären Schutz und für den Inhalt des zu gewährenden Schutzes.« In der ersten Fassung der Richtlinie (RL 2004/83EG) ist der subsidiäre Schutzstatus vom anerkannten Schutzstatus inhaltlich abgegrenzt gewesen. Die aktuelle Fassung dagegen basiert auf einer weitgehenden Gleichstellung beider Erscheinungsformen des Internationales Schutzes.[173]

Die Qualifikationsrichtlinie stützt sich als Bestandteil des Gemeinsamen Europäischen Asylsystems nach ihrem Erwägungsgrund Nr. 3 auf die uneingeschränkte und umfassende Anwendung der Genfer Flüchtlingskonvention und regelt darüber hinaus den subsidiären Schutz.[174] Sie wurde veröffentlicht im Amtsblatt der EU

---

[171] Vgl. Poptcheva/Stuchlik, Arbeit und Sozialhilfe für Asylbewerber und Flüchtlinge S. 4

[172] Vgl. Pries, Migration und Ankommen, S.96

[173] Vgl. Ritgen in: Meyer/Ritgen u. a. 2016, S. 140 f.

[174] Vgl. Münch in: Keßler/Münch/Hager/Vilmar/Pelzer/Habbe/Hoffmann, Neuregelungen im EU Flüchtlingsrecht, S. 7

vom 20. Dezember 2011 (L377/9) und trat gemäß ihres Art.41 am 9. Januar 2012 in Kraft. Die Frist zur vollständigen Umsetzung der Richtlinie in nationales Recht endet zum 22. Dezember 2013.

Der UNHCR und ein Teil der Literatur kritisieren, dass die Flüchtlingsdefinition der Qualifikationsrichtlinie nicht vollständig mit der Flüchtlingsdefinition der GFK übereinstimme, da die Richtlinie sich nur auf Drittstaatsangehörige bezieht.[175]

Zum Vergleich zum Grundgesetzt betrifft die Qualifikationsrichtlinie die Flüchtlingsanerkennung nach der GFK, nicht aber das Asylgrundrecht nach Art 16a GG. Wie auch bereits erwähnt statuiert die GFK kein subjektives Recht auf Asyl. Art. 16 a Abs. 1 GG hingegen vermittelt ein individuelles Recht auf Asyl.[176]

a) Flüchtlingseigenschaft nach der Richtlinie

Nach Art.2 lit. d RL 2011/95/EU ist ein Flüchtling, ein Drittstaatsangehöriger, der aus der begründeten Furcht vor Verfolgung wegen seiner Rasse, Religion, Nationalität, politischen Überzeugung oder Zugehörigkeit zu einer bestimmten sozialen Gruppe sich außerhalb des Landes befindet, dessen Staatsangehörigkeit er besitzt, und den Schutz dieses Landes nicht in Anspruch nehmen kann oder wegen dieser Furcht nicht in Anspruch nehmen will, oder ein Staatenloser, der sich aus denselben vorgenannten Gründen außerhalb des Landes seines vorherigen gewöhnlichen Aufenthalts befindet und nicht dorthin zurückkehren kann oder wegen dieser Furcht nicht dorthin zurückkehren will und auf den keine Ausschlussgründe gem. Art. 12 RL 2011/95/EU Aufwendung finden.

Die Tatsache der Verfolgung ist die Voraussetzung für die Anerkennung als Flüchtling.[177] Nach Art. 9 Abs. 1 RL 2011/95/EU gelten als Verfolgung im Sinne von Art. 1 A GFK Handlungen, die aufgrund ihrer Art oder Wiederholung so gravierend sind, dass sie eine schwerwiegende Verletzung der grundlegenden Menschenrechte darstellen, insbesondere der Rechte, von denen gemäß Artikel 15 Abs. 2 der Europäischen Konvention zum Schutze der Menschenrechte und Grundfreiheiten keine Abweichung zulässig ist, oder in einer Kumulierung unterschiedlicher Maßnahmen, einschließlich einer Verletzung der Menschenrechte, bestehen, die so gravierend ist, dass eine Person davon in ähnlicher wie der unter Buchstabe a beschriebenen

175 Vgl. Hailbronner, Asyl- und Ausländerrecht, Rn. 1230 f.

176 Vgl. HailbronneR, Asyl- und Ausländerrecht, Rn. 1231

177 Vgl. Marx, Handbuch zur Qualifikationsrichtlinie, S. 1

Weise betroffen ist. Die Schutzlehre tritt danach im Flüchtlingsvölkerrecht an die Stelle der Zurechnungslehre und stellt allein auf die individuelle Schutzlosigkeit einer Person ab die aus Gründen der Konvention verfolgt wird.[178] Anders ist es zuvor in Deutschland gewesen, wobei die nationale Rechtlage darauf abstellte, ob eine dem Verfolger Zurechenbare Verfolgung vorlag.[179]

b) Subsidiärer Schutz nach der Richtlinie

Nach Art. 2 lit. f RL 2011/95/EU ist eine Person mit Anspruch auf subsidiären Schutz ein Drittstaatangehöriger oder Staatenloser, der die Flüchtlingseigenschaft nicht erfüllt, weil insbesondere keine bestimmte Verfolgungsmotivation vorliegt, die Personen aber stichhaltige Gründe für die Annahme vorgetragen haben, dass sie bei einer Rückkehr in das Herkunftsland tatsächlich Gefahr laufen, einen ernsthaften Schaden zu erleiden.

In Art. 15 der Richtlinie gilt als ernsthafter Schaden die Verhängung oder Vollstreckung der Todesstrafe, Folter oder unmenschliche oder erniedrigende Behandlung oder Bestrafung oder eine ernsthafte individuelle Bedrohung des Lebens oder der Unversehrtheit einer Zivilperson infolge willkürlicher Gewalt im Rahmen eines internationalen oder innerstaatlichen bewaffneten Konflikts. Beide Schutzgründe werden heute als „internationaler Schutz" bezeichnet.[180] Gefahren, die nicht von Menschen verursacht werden, gelten nicht als ernsthafter Schaden, also etwa Krankheit oder Naturkatastrophen.[181]

4.5.2.2 Asylverfahrensrichtlinie

Die „Richtlinie 2013/32/EU des Europäischen Parlaments und des Rates vom 26. Juni 2013 zum gemeinsamen Verfahren für die Zuerkennung und Aberkennung des internationalen Schutzes" legt Mindestnormen für die Durchführung von Asylverfahren fest. Aufgrund dessen ist sie auch besser bekannt als Asylverfahrensrichtlinie. Sie wurde am 29.06.2013 im Amtsblatt der Europäischen Union veröffentlicht. Dort wird geregelt: wie ein Antrag gestellt und geprüft wird, welche Hilfestellungen der Antragsteller erwarten kann, welche Rechtsmittel er einlegen kann, und ob er

[178] Vgl. Marx, Handbuch zur Qualifikationsrichtlinie, S.143

[179] Vgl. Lafrai, Die EU-Qualifikationsrichtlinie und ihre Auswirkungen auf das deutsche Flüchtlingsrecht, S. 295

[180] Vgl. Bundesamt für Migration und Flüchtlinge, Subsidiärer Schutz

[181] Vgl. Titze, Die deutsche Asylrechtsprechung und das internationale Flüchtlingsrecht, S. 59

nach Einlegung eines Rechtsmittels im Land verbleiben kann; außerdem wird geklärt, was zu tun ist, wenn der Antragsteller flüchtig ist und was bei Mehrfachanträgen zu tun ist.[182]

4.5.2.3 Aufnahmerichtlinie

Die Aufnahmerichtlinie enthält einen Katalog von Mindestnormen für die Aufnahme von Asylsuchenden in den EU-Mitgliedstaaten. Die Neufassung (RL 2013/33/EU) liegt seit dem 26.06.2013 vor. Die Aufnahmerichtlinie regelt den Zugang zu den Bedingungen für die Aufnahme der Asylbewerber während der Prüfung ihres Asylantrags. Sie stellt den Zugang der Antragsteller zu Unterkunft, Verpflegung, Gesundheitsversorgung und Beschäftigung sowie medizinischer und psychologischer Versorgung sicher.[183]

4.5.2.4 Dublin- und Eurodac-Verordnung

Die Richtlinien haben das Ziel, Mindeststandard in allen Mitgliedstaaten der EU herzustellen, in den zwei erwähnten Verordnungen geht es um das Verhältnis, in dem die nationalen Asylsysteme zueinanderstehen.[184]

a) Dublin-Verordnung

Nach Art. 3 Abs. 1 der Dublin-III-Verordnung ist jeder Antrag auf internationalen Schutz zu prüfen, den ein Drittstaatsangehöriger im Hoheitsgebiet eines Dublin-Staats stellt; dazu gehören auch die Grenzen oder in die Transitzonen.

Die Dublin-Verordnung gilt in allen Ländern der EU und in den Nicht-EU-Staaten Island, Schweiz und Liechtenstein. Die Dublin-II-Verordnung trat am 01. März 2003 in Kraft und wurde am 19.Juli 2013 von der Dublin-III-Verordnung ergänzt. Die Verordnung ist eine europarechtliche Verordnung, die Regelungen zur Bestimmung des Mitgliedstaates festlegt, der für die Durchführung eines Asylverfahrens zuständig ist.[185] Die VO bezweckt, dass jeder Asylantrag, der im Dublin-Raum gestellt wird, inhaltlich nur durch einen Staat geprüft wird. Zum Dublin-Raum gehören die Mitgliedstaaten der Europäischen Union, Norwegen, Island, die Schweiz und Liechtenstein. Falls bereits in einem Dublin-Staat asylrechtlicher Schutz erteilt wurde,

182 Vgl. Malmstöm, Das Gemeinsame Europäische Asylsystem, S. 4

183 Vgl. Pelzer, Europarecht, S. 617 ff.

184 Vgl. Kasparek, Europas Grenzen: Flucht, Asyl und Migration, S.34

185 Vgl. Pelzer, Europarecht, S.539 f.

ist eine weitere Asylantragsprüfung in Deutschland oder in einem anderen Mitgliedstaat nicht möglich.[186] Dabei solle ein Flüchtling sich den Zufluchtsort nicht aussuchen können, vielmehr steht die Gewährung von Schutz im Vordergrund, der Staat sei dabei irrelevant. Im Umkehrschluss besagt die Logik, dass ein Asylantrag gar nicht mehr geprüft werden brauche, wenn der Antragsteller oder Antragstellerin auf der Flucht durch einen Staat gereist ist, in dem er auch Asyl oder Flüchtlingsschutz hätte beantragen können. Diese Überlegung rechtfertigt auch eine Rückführung, es muss jedoch gewährleistet sein, dass es sich tatsächlich um einen „sicheren Drittstaat" handelt. Des Weiteren darf sich dieser Staat nicht auf den gleichen Grundsatz berufen, es sollen dabei Kettenabschiebungen entlang der Fluchtroute bis zurück in die Herkunftsregion vermieden werden. Alle Mitgliedstaaten des Dublin-Systems werden als ‚sicher' definiert, da sie alle die Genfer Flüchtlingskonvention ratifiziert haben und der Europäischen Menschenrechtskonvention angehören.[187]

Die VO legt durch Kriterien fest, welcher Staat für die Prüfung eines von einem Drittstaatsangehörigen in einem Mitgliedstaat gestellten Asylantrags zuständig ist. Demnach ist nur ein einziger, nach objektiven Kriterien zu bestimmender Mitgliedstaat für die Prüfung eines Asylantrages, der in einem der Mitgliedstaaten gestellt wird, zuständig.

Vorrangig zuständig ist nach Art. 9 bzw. 10 der Staat, in dem Familienangehörige des Antragstellers Begünstigte internationalen Schutzes sind oder internationalen Schutz beantragt haben. Zweitrangig ist nach Art. 12 der Staat zuständig, der dem Antragsteller einen Aufenthaltstitel ausgestellt hat. Diese Fälle sind zwar vorrangig, aber verhältnismäßig selten, daher ist in der Regel der Einreisestaat zuständig. Eine spezielle Regelung gibt es lediglich im Bereich der unbegleiteten Minderjährigen, in Bezug auf diese fallen die Art. 9 und Art. 10 der VO weg, Art. 8 regelt, dass der Mitgliedstaat zuständig ist, in welchem sich ein Familienangehöriger (Eltern) oder eines der Geschwister rechtmäßig aufhalten, sofern dies dem Wohl des Kindes dient, vgl. Art. 8 Abs. 1 Satz 1 Dublin III VO. [188] Es soll damit verhindert werden, dass Asylbewerber gleichzeitig oder nacheinander Asylanträge in mehreren

---

[186] Vgl. Bundesamt für Migration und Flüchtlinge, Prüfung des Dublin-Verfahrens

[187] Vgl. Kasparek, Europas Grenzen: Flucht, Asyl und Migration, S. 37

[188] Deutscher Bundestag, PE 6 - 3000 - 128/15 v. 27.10.2015, S. 8 f.

Vertragsstaaten stellen. Außerdem soll die Familieneinheit gewahrt werden. Jedoch wird in der Praxis das Kriterium „erste Einreise" am häufigsten angewandt.[189]

Eine alternative Lesart der Dublin-Kriterien ist das Verursacherprinzip. Nach diesem Prinzip ist der Staat für das Asylverfahren eines Schutzsuchenden zuständig, der die Einreise verursacht hat. Zu den möglichen Verursachungen gehören das Ausstellen eines Visums oder die mangelnde Sicherung der Außengrenze. Diese Lesart ist nicht vom Gesetzestext geschützt, aber sie beschreibt das Funktionieren des Dublin-Systems. Dublin hat den Anreiz, möglichst wenig Fluchtmigration zuzulassen, da der jeweilige Staat sonst selbst die Konsequenzen (Unterbringung des Asylsuchenden, Durchführung des Asylverfahrens und Integration im Falle eine Anerkennung) tragen muss.[190]

b) Eurodac

Das Dublin-System konnte anfangs nicht richtig angewandt werden, da es den Institutionen der nationalen Asylsysteme nicht möglich war den Einreiseweg zu rekonstruieren. Daher kam es anfangs zu relativ wenigen Dublin-Abschiebungen im Jargon des Dublin-Systems. Erst die Inbetriebnahme von Eurodac-, in der die Fingerabdrücke von irregulären Migranten und Asylsuchenden gespeichert wurden, machte eine Umsetzung der Systematik von Dublin möglich. Die Eurodac-Datenbank nahm 2003 ihren Betrieb auf, aber handelte erst ab 2007 effektiv.[191] In der Praxis sieht das so aus, dass alle irregulär eingereisten Personen innerhalb der EU und den Außengrenzen nicht nur mit ihren Reisedokumenten, sondern auch mit ihren Fingerabdrücken erfasst werden. Dies trifft auf alle asylantragstellenden Personen zu. Die Daten werden an die zentrale Eurodac-Datenbank übermittelt. Wenn der Asylsuchende in einem Mitgliedstaat einen Asylantrag stellt und es sich dann anhand des Fingerabdrucks herausstellt, dass er bereits einen Asylantrag in einem anderen Mitgliedstaat gestellt hat, wird die asylsuchende Person zwangsweise an den Mitgliedstaat überstellt, in dem er seinen Erstantrag gestellt hat, weil dieser per Dublin für das Asylverfahren zuständig ist.[192]

---

[189] Vgl. Kasparek, Europas Grenzen: Flucht, Asyl und Migration S. 39

[190] Vgl. Kasparek, Europas Grenzen: Flucht, Asyl und Migration, S. 38

[191] Deutscher Bundestag, PE 6 - 3000 - 128/15 v. 27.10.2015, S. 8 f.

[192] Vgl. Kasparek, Europas Grenzen: Flucht, Asyl und Migration, S. 50

4.6 Dublin-Krise

Mit dem ursprünglichen Ziel des Dublin-Verfahrens sollte eine Harmonisierung des europäischen Asylrechts tatsächlich verwirklicht werden.

Aufgrund der Geografie Europas hätte es aber absehbar sein müssen, dass Dublin zu einem großen Nord-Süd-Ungleichgewicht innerhalb der EU führen würde. Die Länder im Süden und Südosten, die den größten Anteil an der europäischen Außengrenze haben, sind auch für die meisten Asylanträge zuständig.[193] Das führte dazu, dass die Mitgliedstaaten Griechenland und Italien durch die Dublin-Regelung an die Belastungsgrenze gerieten.

Zu der Frage, ob die Dublin-Verordnung in Ausnahmefällen wie der Flüchtlingskrise außer Acht gelassen werden kann, hat der EuGH am 26.07.2017 ein Urteil gesprochen. „Der Gerichtshof zeigt auf, dass mit Art. 33 ein Mechanismus zur Frühwarnung, Vorsorge und Krisenbewältigung geschaffen" wurde, der Sondersituationen im Blick hatte, ohne die generelle Funktionsweise der Verordnung in solchen Fällen aufzuheben. Zudem stehen mit der so genannten Massenzustromrichtlinie (RL 2001/55/EG) und der in Art. 78 Abs. 3 AEUV enthaltenen Möglichkeit, vorläufige Maßnahmen zugunsten von Mitgliedstaaten, die unter einem besonderen Druck stehen, vorzusehen, weitere Mechanismen für eine gemeinsame Bewältigung solcher Situationen „besonderen Drucks" zur Verfügung [...]Aus Sicht des Gerichtshofs lag keine Situation vor, die es erlaubt oder erfordert hätte, von der Funktionsweise des Dublin-Systems abzuweichen."[194]

4.7 Entscheidungen über Asylanträge

Im Jahr 2016 hat Deutschland der größten Anzahl von Personen den Schutzstatus gewährt hat, registriert wurden 445.210 Personen, gefolgt von Schweden mit 69.350, Italien verzeichnete 35.450, Frankreich 35.170, Österreich 31.750 und die Niederlande 21.825. In der gesamten EU und Schweiz, Norwegen, Liechtenstein, Island haben 389.670 Personen von 710.400 Schutzberechtigten den vollen Flüchtlingsstatus erlangt, 263.755 den subsidiären Schutz und 56.970 eine Aufenthaltserlaubnis aus humanitären Gründen. [195]

---

[193] Vgl. Kasparek, Europas Grenzen: Flucht, Asyl und Migration, S. 41

[194] EuGH, Urteil v. 26.7.2017 – C-646/16

[195] Siehe Anhang B

Die am 22. April 2016 veröffentlichten Schlussfolgerungen des Rates zur Konvergenz der Asylentscheidungsverfahren verweisen darauf, dass erhebliche Unterschiede zwischen den Mitgliedstaaten bestehen in Hinblick auf die Wahl zwischen dem Flüchtlingsstatus und den subsidiären Schutz.[196]

In einigen der Mitgliedstaaten wird der subsidiäre Schutzstatus (Schweden, Niederlande, Polen, Ungarn), dem vollen Flüchtlingsstatus vorgezogen und in einigen Mitgliedstaaten wird öfter die Aufenthaltserlaubnis aus humanitären Gründen gewährt (Griechenland, Italien und Slowakei).

Die Mitgliedstaaten unterscheiden sich nicht nur in der Anzahl der vergebenen Schutzstatus, sondern auch die gleichen Nationalitäten bekommen unterschiedlichen Schutz gewährt. Die anschließende Tabelle zeigt die drei Hauptnationalitäten und die Art des internationalen Schutzes, der pro Hauptherkunftsland gewährt wird

Herkunftsland	Überwiegend Flüchtlingsstatus nach GFK	Überwiegend Subsidiärer Schutz	Beide Schutzstatus
Syrien	AT, BE, IT, PL, UK, IE	ES, SE, MT, CY, HU	DE, FR, NL, BG, CH, HR
Afghanistan	UK, HR, IE	FR, IT, CH, SR	AT, BE, DE, SE, ES, NL
Irak	BE, FR, DE, MT, HR, IE, SR	IT, ES, NL, HU, CH, PL, CY	AT, SE, BG, NL

Tabelle 1: Art des internationalen Schutzes, der pro Hauptherkunftsland gewährt wird[197]

Die Tabelle verdeutlicht, dass Schutzsuchende aus Syrien überwiegend den Flüchtlingsstatus nach der GFK in Österreich, Belgien, Italien, Polen, Großbritannien und Italien gewährt bekommen. Schutzsuchende aus Afghanistan, lediglich nur in Großbritannien, Ungarn und Irland. Schutzsuchenden aus dem Irak gewähren, Belgien, Frankreich, Deutschland, Malta, Ungarn, Irland und Serbien überwiegend den Flüchtlingsstatus nach der GFK.

196 Vgl. Rat der Europäischen Union 2016, 8210/16 ASIM 58

197 aus dem Englischen nach AIDA, Refugee rights subsiding?, S.13

JAHR	ENTSCHEIDUNGEN über Asylanträge												
	Insgesamt	SACHENTSCHEIDUNGEN										FORMELLE ENTSCHEIDUNGEN	
		davon Rechtsstellung als Flüchtling (§ 3 Abs. 1AsylG, Art. 16 a GG)*		darunter Anerkennungen als Asylberechtigte (Art. 16 a GG und Familienasyl)		davon Gewährung von subsidiärem Schutz gem. § 4 Abs. 1 AsylG*		davon Feststellung eines Abschiebungsverbotes gem. § 60 Abs. 5 o. 7 AufenthG*		davon Ablehnungen (unbegründet abgel./ offens. unbegr. abgel.)			
2008	20.817	7.291	34,6 %	233	1,1 %	126	0,6 %	436	2,1 %	6.761	32,5 %	6.203	29,8 %
2009	28.816	8.115	27,7 %	452	1,5 %	395	1,4 %	1.216	4,2 %	11.360	39,4 %	7.730	26,8 %
2010	48.187	7.704	15,8 %	643	1,3 %	548	1,1 %	2.143	4,4 %	27.255	56,6 %	10.537	21,9 %
2011	43.362	7.098	16,1 %	652	1,5 %	666	1,5 %	1.911	4,4 %	23.717	54,7 %	9.970	23,0 %
2012	61.826	8.764	14,0 %	740	1,2 %	6.974	11,3 %	1.402	2,3 %	30.700	49,7 %	13.986	22,6 %
2013	80.978	10.915	13,3 %	919	1,1 %	7.005	8,7 %	2.208	2,7 %	31.145	38,5 %	29.705	36,7 %
2014	128.911	33.310	25,8 %	2.285	1,8 %	5.174	4,0 %	2.079	1,6 %	43.018	33,4 %	45.330	35,2 %
2015	282.726	137.136	48,5 %	2.029	0,7 %	1.707	0,6 %	2.072	0,7 %	91.514	32,4 %	50.297	17,8 %
2016	695.733	256.136	36,8 %	2.120	0,3 %	153.700	22,1 %	24.084	3,5 %	173.846	25,0 %	87.967	12,6 %
Jan-Okt 2017	546.540	112.995	20,7 %	3.662	0,7 %	90.231	16,5 %	35.824	6,6 %	210.937	38,6 %	96.553	17,7 %

Tabelle 2: Entscheidungen und Entscheidungsquoten seit 2008 in Jahreszeiträumen[198]

In der Tabelle sind die Entscheidungen und Entscheidungsquoten von der BAMF seit 2008 zu sehen. Die Spannung zwischen dem Flüchtlingsstatus und den subsidiären Schutz ist besonders auffällig im Fall von Deutschland. Im Jahr 2015 gewährte die BAMF nach § 3 Abs. 1 AsylG, Art. 16 a GG, 137.136 Personen die Rechtstellung als Flüchtling. 0,7% erhielten die Asylberechtigung nach Art. 16a GG und „nur" 0,6% von diesen Personen den subsidiären Schutz nach § 4 Abs. 1 AsylG. Im Jahr 2016 änderte sich die Situation von 256.136 Personen; mit der Flüchtlingsrechtsstellung erhielten 0,3% die Asylberechtigung und 22,1 % den subsidiären Schutz.

Diese Entscheidung des BAMF führte dazu, dass mehr als 30.000 Syrer gegen die Entscheidung des BAMF vorgingen und klagten. Dazu sprach das Oberverwaltungsgericht Münster am 21.2.2017 ein Urteil und bestätigte die Praxis:[199] „Rückkehrenden syrischen Asylbewerbern droht nicht mit beachtlicher Wahrscheinlichkeit politische Verfolgung wegen illegalen Verlassens des Landes, eines gestellten Asylantrags oder des Aufenthalts im westlichen Ausland."[200]

198 Vgl. Bundesamt für Migration und Flüchtlinge, Aktuelle Zahlen, S. 10

199 Vgl. Abdi-Herrle, Flüchtlinge: Auf den Status kommt es an.

200 OVG Nordrhein-Westfalen, 21.02.2017 - 14 A 2316/16.A

4.8 Schwächen der EU-Asylpolitik und praktische Hinweise

Der Vertrag von Lissabon bietet die rechtliche Grundlage für ein gemeinsames europäisches Asylsystem, das unter anderem „einen in der ganzen Union gültigen einheitlichen Asylstatus für Drittstaatsangehörige" beinhaltet (Art. 78 Abs. 2 Buchstabe a des Vertrags über die Arbeitsweise der Europäischen Union – AEUV), trotz dessen wurde im GEAS kein EU-weiter Asylstatus festgelegt. Das Asylsystem der EU weist vielmehr einzelnen Mitgliedstaaten Verantwortlichkeiten für die Bearbeitung von Asylanträgen zu, einschließlich der Verpflichtung, dem betreffenden Flüchtling Schutz zu bieten, wenn der Antrag positiv entschieden wird.[201]

Die uneinheitliche Anerkennung von Flüchtlingen zeigt, dass das GEAS nicht erst an der Verteilung der Flüchtlinge innerhalb der EU scheitert. Probleme gibt es bereits einen Schritt zuvor: Es fehlen einheitliche Standards für Asylverfahren.[202] Obwohl das GEAS ein recht weitgehendes legal-regulatives Fundament vor allem in Form der drei revidierten Richtlinien besitzt, funktioniert es in der Praxis nicht. Während die rechtlich-regulative Rahmenordnung gut ausgearbeitet ist, ist die normative Säule im Sinne der Professionalisierung und normativen Orientierung der für Asyl- und Flüchtlingsfragen verantwortlich Handelnden in Politik und Verwaltung ziemlich schwach geblieben. Von einer Homogenisierung der formalen Regulative des europäischen Flüchtlingsschutzes ist zu sprechen, jedoch nicht von einer gemeinsamen Praxis in diesem Feld. [203]

Insofern kann sich eine Lösung für die aktuelle Flüchtlingsproblematik nur ergeben, wenn eine grundlegende Neugestaltung des GEAS vorgenommen wird. Auch die Gewährung der beiden Schutzarten fällt in den Mitgliedstaaten unterschiedlich aus, dass kommt dadurch, dass der Maßstab des „subsidiären Schutzstatus" erst in der Anerkennungs- und Qualifikationsrichtlinie festgelegt wird und nicht in der primären Gesetzgebung, daher legen die Mitgliedstaaten diesen Schutzstatus auf nationaler Ebene aus. An dieser Stelle wäre es bedenkenswert, den Maßstab des „subsidiären Schutzstatus" in die primäre Gesetzgebung zu transformieren.

---

201 Vgl. Poptcheva/Stuchlik, Arbeit und Sozialhilfe für Asylbewerber und Flüchtlinge, S.4 zitiert nach M. Mouzourakis: „We need to talk about Dublin. Responsibility under the Dublin System as a blockage to asylum burden-sharing in the European Union", Refugees Studies Centre, Oxford Department of International Development, 2014, S. 5.

202 Vgl. Maisch, Flüchtlinge: Wenn Asyl Glückssache ist

203 Vgl. Pries, Migration und Ankommen, S.104

5 Untersuchung der Qualifikationsrichtlinie

In diesem Kapitel wird untersucht, ob die Qualifikationsrichtlinie eine wesentliche Angleichung der beiden Schutzarten gewährleisten konnte. Es soll die Frage beantwortet werden, ob die gleichberechtigte Behandlung von beiden Schutzgruppen innerhalb der EU erzeugt werden konnte.

Anhand der Länderberichte, die auf der „Asyl Information Datenbank" AIDA regelmäßig veröffentlicht werden, wird die Untersuchung, wie Mitgliedstaaten diese Richtlinie umsetzen, belegt.

Die „Asyl Information Datenbank" AIDA ist eine vom „Der Europäische Rat für Flüchtlinge und im Exillebende Personen" (ECRE) verwaltete Datenbank, die Informationen über Asylverfahren, Aufnahmebedingungen, Inhaftierung und Inhalte des internationalen Schutzes in 20 Ländern enthält. Dazu gehören 17 Mitgliedstaaten der Europäischen Union (EU, Österreich, Belgien, Bulgarien, Zypern, Deutschland, Spanien, Frankreich, Griechenland, Kroatien, Ungarn, Irland, Italien, Malta, Niederlande, Polen, Schweden, Vereinigtes Königreich) und 3 Nicht-EU-Staaten (Schweiz, Serbien, Türkei).[204]

5.1 Regelungen in Art. 20 RL 2011/95/EU

Die Qualifikationsrichtlinie, die wie bereits erwähnt, eine weitgehende Gleichstellung der beiden Schutzstatus vorsieht, stellt in Art. 20 Abs. 2 namentlich klar, dass die Regelungen in Art. 20 ff. sowohl für Flüchtlinge als auch für Personen mit Anspruch auf subsidiären Schutz gelten, soweit nichts anderes vorgesehen ist.[205] Die grundlegenden Rechte wie der Schutz vor Zurückweisung (Art. 21), das Recht auf Information (Art. 22), die Bestimmungen über die Wahrung des Familienverbands (Art. 23), der Zugang zu Beschäftigung (Art. 26), der Zugang zu Bildung (Art. 27), zur medizinischen Versorgung (Art. 30), Recht auf Wohnraum (Art. 32), Freizügigkeitsrecht (Art. 33) und die Rückkehrförderung (Art. 35) stehen gemäß der Richtlinie beiden Schutzarten zu. Ausnahmen gibt es bei der Ausstellung von Reisedokumenten (Art. 25), bei Sozialleistungen (Art. 29) sowie beim Zugang zu Integrationsmaßnahmen (Art. 34); bei der Laufzeit der erteilten Aufenthaltstitel müssen Mitgliedstaaten gem. Art. 24 Abs.1 Personen, denen der Flüchtlingsstatus

204 Vgl. Asylum Information Database, About Aida

205 Vgl. Art. 20 Richtlinie 2011/95/EU

zuerkannt worden ist, eine Mindestlaufzeit von drei Jahren gewähren und gem. Art. 24 Abs. Personen, denen der subsidiäre Schutzstatus zuerkannt worden ist nur ein Jahr.[206]

5.1.1 Umsetzung der Richtlinie durch die Mitgliedstaaten

In diesem Abschnitt werden einige Rechte der Schutzberechtigten Personen, die durch die Anerkennungs- und Qualifikationsrichtlinie geregelt werden, in den Mitgliedstaaten verglichen.

5.1.1.1 Dauer des Aufenthalts

Artikel 24 RL 2011/95/EU bestimmt den Aufenthaltstitel, der besagt, dass Personen, denen der Flüchtlingsstatus zuerkannt worden ist, ein Aufenthaltstitel auszustellen ist, der mindestens drei Jahre Gültigkeit hat. Personen, denen der subsidiäre Schutz zuerkannt worden ist, ist ein Aufenthaltstitel auszustellen, der mindestens ein Jahr gültig ist.[207]

An dieser Stelle variiert die Dauer der erteilten Aufenthaltsgenehmigungen zwischen den Mitgliedstaaten, auch zwischen den verschiedenen Schutzstatus. In Spanien, Griechenland, Italien, Malta und den Niederlanden sind die Dauer der Aufenthaltstitel für beide Schutzklassen identisch. In allen in der Tabelle aufgeführten Mitgliedstaaten sind Unterschiede zu sehen. In Frankreich ist der Unterschied auffallend: Während Flüchtlinge nach der GFK einen Aufenthalt von 10 Jahren gewährt bekommen, bekommen subsidiär Schutzberechtigte nur einen Aufenthaltstitel der die vorgesehene Mindestgültig von einem Jahr beinhaltet.

Land	Flüchtlingsstatus	Subsidiäre Schutz
Belgien	5	1
Bulgarien	5	3
Deutschland	3	1
Dänemark	2	1
Tschechien	3	1
Frankreich	10	1
Kroatien	5	3

206 Vgl. Ritgen in: Meyer/Ritgen u.a, S. 141; Art. 20 ff. Richtlinie 2011/95/EU

207 Vgl. Art. 24 Abs.1f. Richtlinie 2011/95/EU

Land	Flüchtlingsstatus	Subsidiäre Schutz
Polen	3	2
Österreich	3	1
Ungarn	3	1

Tabelle 3: Gültigkeit der Aufenthaltstitel in Jahren[208]

5.1.1.2 Reisedokumente

Nach Art. 25 RL 2011/95/EU müssen die Mitgliedstaaten Personen, denen die Flüchtlingseigenschaft zuerkannt worden ist, Reiseausweise für Reisen außerhalb ihres Gebiets ausstellen, es sei denn, dass zwingende Gründe der nationalen Sicherheit oder öffentlichen Ordnung dem entgegenstehen. Personen, denen der subsidiäre Schutzstatus zuerkannt worden ist und die keinen nationalen Pass erhalten können, werden Dokumente für Reisen außerhalb ihres Hoheitsgebiets ausgestellt.[209] Außerhalb der EU: In der Schweiz gibt es für Personen mit vorübergehender Aufnahme wichtige praktische Hindernisse bei der Beschaffung von Reisedokumenten. Sie müssen ein Rückkehrvisum und ein gültiges Reisedokument beantragen. Ein Rückkehrvisum wird nur unter bestimmten Umständen gewährt (schwere Krankheit oder Tod von Familienangehörigen und nahen Verwandten; Umgang mit wichtigen und dringenden persönlichen Angelegenheiten; grenzüberschreitende Schulausflüge; Teilnahme an sportlichen oder kulturellen Veranstaltungen im Ausland; aus humanitären Gründen).[210]

Sie müssen außerdem nachweisen, dass es ihnen unmöglich ist, Reisedokumente aus ihrem Heimatland zu erhalten, oder dass von ihnen nicht erwartet werden kann, dass sie Reisedokumente von den Behörden ihres Heimatlandes zu beantragen. Beide Anforderungen werden streng angewandt, so dass Reisen grundsätzlich unmöglich ist. Die ausgestellten Reisedokumente sind für eine Reise und maximal 10 Monate gültig.[211]

Format und gültigkeitsdauer der Reisedokumente unterscheiden sich nach den Status, der Schutz gewährt, und nach der Grundlage. Als Ergebnis werden die

---

208 aus dem Englischen nach AIDA, Content of protection: Residence Permit

209 Art.25 Richtlinie 2011/95/EU

210 Verordnung über die Ausstellung von Reisedokumenten für ausländische Personen, Art. 9 lit. a ff., S. 4

211 Vgl. „Travel documents - Switzerland | Asylum Information Database" o. J.

subsidiären Schutzdokumente kürzerer Gültigkeit ausgestellt im Vergleich zu anerkannten Flüchtlingen, mit Ausnahme von acht Ländern (Österreich, Spanien, Griechenland, die Niederlande, Ungarn, Belgien, Italien und Malta).[212]

5.1.1.3 Familienzusammenführung

Art. 23 QLR regelt die Wahrung des Familienverbands. Das Recht auf Familienleben ist allgegenwärtig in internationalen und europäischen Rechtsnormen und eine notwendige Voraussetzung für eine sinnvolle Integration und Aufnahme in einem Land.[213] Jüngste Gesetzesreformen in Ländern wie Österreich, Deutschland, Schweden, Ungarn, Irland, Dänemark oder Finnland hinsichtlich der Familienzusammenführung haben strengere Bedingungen formuliert. Das kommt daher, dass die Familienzusammenführungsrichtlinie mehrdeutig zu verstehen ist. In Art. 3 Abs. 2 lit. c Richtlinie der Familienzusammenführung heißt es, dass die Richtlinie der Familienzusammenführung nicht anwendbar ist auf Personen, die den subsidiären Schutz genießen.[214] In der Leitlinie zur Anwendung der Richtlinie weist die Kommission darauf hin, dass die Richtlinie nicht so ausgelegt werden darf, als seien die Mitgliedstaaten verpflichtet, Personen, die vorübergehenden oder subsidiären Schutz genießen, das Recht auf Familienzusammenführung zu verwehren. Nach dieser Auffassung unterscheiden sich die subsidiär Schutzberechtigten nicht von den Flüchtlingen, daher fordert die Kommission die Mitgliedstaaten auf, Vorschriften zu erlassen, die Flüchtlingen, die subsidiären Schutz genießen, ähnliche Rechte gewähren.[215] Dementgegen haben die Mitgliedstaaten Griechenland, Zypern und Malta subsidiär Schutzberechtige vollständig vom Recht auf Familienzusammenführung ausgeschlossen.[216] Auch in Deutschland wurde durch die am 17. März 2016 in Kraft getretene Übergangsvorschrift des § 104 Abs. 13 AufenthG der Familiennachzug für subsidiär Schutzberechtigte, die ihre Aufenthaltserlaubnis nach diesem Datum erhalten haben, für zwei Jahre ausgesetzt.[217]

---

212 Vgl. AIDA, Comparative Reports 2017, S. 16

213 Vgl. AIDA, Comparative Reports 2017, S. 16 f.

214 Art.3 Abs.2 lit. c Richtlinie 2003/86/EG des Rates v. 22. September 2003

215 EU-Kommission, Richtlinienvorschlag COM (2014), 210 final v. 3.04.2014, S. 29

216 Vgl. AIDA, Comparative Reports, S.17 f.

217 WD 3 - 3000 - 231/16 v. 21. November 2016, S. 3

5.1.1.4 Einbürgerung

In der Anerkennungs- und Qualifikationsrichtlinie gibt es keine Regelung zur Einbürgerung. Nach Art. 34 GFK heißt es: „Die vertragschließenden Staaten werden so weit wie möglich die Eingliederung und Einbürgerung der Flüchtlinge erleichtern. Sie werden insbesondere bestrebt sein, Einbürgerungsverfahren zu beschleunigen und die Kosten dieses Verfahrens so weit wie möglich herabzusetzen."[218]

Obwohl die verbindliche Konvention die Mitgliedstaaten auffordert, die Einbürgerung der Flüchtlinge zu erleichtern, berufen sich viele Staaten auf die Klassifizierung der Anerkennungs- und Qualifikationsrichtlinie und differenzieren auch bei der Dauer der Mindestaufenthaltsdauer für die Einbürgerung zwischen den beiden Schutzarten.

Die zentrale Voraussetzung für die Einbürgerung ist eine Mindestaufenthaltszeit.[219] Die anschließende Tabelle zeigt die Mindestaufenthaltszeit, die von den Schutzberechtigten als Voraussetzung verlangt werden.

Minimum erforderliche Aufenthaltsdauer für die Einbürgerung in Jahren		
Land	**Flüchtlingsstatus**	**Subsidiäre Schutz**
Belgien	5	5
Bulgarien	3	5
Deutschland	8	8
Frankreich	0	5
Griechenland	3	7
Großbritannien	6	6
Irland	3	5
Italien	5	10
Kroatien	8	8
Malta	10	10
Niederlande	5	5
Österreich	6	15
Polen	7	8

218 Art. 34 GFK

219 Vgl. AIDA, Comparative Reports, S. 20

Minimum erforderliche Aufenthaltsdauer für die Einbürgerung in Jahren		
Land	**Flüchtlingsstatus**	**Subsidiäre Schutz**
Schweiz	12	12
Schweden	4	5
Spanien	5	10
Ungarn	3	8
Zypern	5	5

Tabelle 4: Minimum erforderliche Aufenthaltsdauer für die Einbürgerung in Jahren[220]

Die Tabelle zeigt, dass nur in Belgien, Deutschland, Großbritannien, Malta, Schweiz, Niederlande und Zypern für beide Schutzgruppen die gleichen Regeln gelten. Einige Länder wie Frankreich und Österreich weisen einen großen Unterschied auf. Spanien, Italien und Frankreich fordern jeweils fünf Jahre längeren Aufenthalt von subsidiär Schutzberechtigten. Österreich setzt 6 Jahre für Personen mit dem Flüchtlingsstatus voraus und 15 Jahre für den subsidiär Schutzberechtigten. Frankreich ermöglicht den subsidiär Schutzberechtigten die fünfjährige Frist auf zwei zu reduzieren, wenn auf einem Französisch-College einen Abschluss erlangt haben oder eine besonders starke Integration nachweisen können.[221] Auch Österreich ermöglicht eine reduzierte Mindestaufenthaltsdauer von 10 Jahren statt 15 für subsidiär Schutzberechtigte, die Sprachkenntnisse oder Integrationsbemühungen nachweisen können[222]. In Deutschland ist es möglich die Frist von acht Jahren auf sieben Jahre zu verkürzen, wenn subsidiär Schutzberechtigte einen Integrationskurs besuchen, bei besonderen Integrationsleistungen sogar auf sechs Jahre.[223]

5.1.1.5 Zugang zum Arbeitsmarkt

Auch beim Zugang zum Arbeitsmarkt gibt es Unterschiede in einigen Ländern. In Deutschland haben alle Ausländer, die einen Aufenthaltstitel besitzen, Zugang zum Arbeitsmarkt, die Schutzarten werden nicht unterschieden.[224]

220 aus dem Englischen nach Asylum Information Database, Comparative Reports 2017, S. 20

221 Vgl. Asylum Information Database, Country Report: France 2017, S. 116

222 Vgl. Asylum Information Database, Country Report: Austria 2017, S.94

223 Vgl. Bundesamt für Migration und Flüchtlinge, Willkommen in Deutschland 2015

224 Vgl. Bundesamt für Migration und Flüchtlinge, Infothek 2017

In der Schweiz dürfen Flüchtlinge uneingeschränkt arbeiten, bis Dezember 2016 mussten subsidiär geschützte Personen noch eine Zusatzsteuer von 10% auf die reguläre Steuer bezahlen, diese Regelung ist aufgehoben worden.[225]

Belgien erlaubt es Flüchtlingen nach der GFK, ohne Arbeitserlaubnis auf den Arbeitsmarkt zuzugreifen, während diese für die subsidiär Schutz Begünstigten erforderlich ist. Diese Arbeitserlaubnis verlangt, dass die Tätigkeit mit dem Grund des Aufenthalts in Belgien vereinbar sein muss, außerdem darf die Tätigkeit nicht in einem gesättigten Sektor ausgeführt werden und darf die öffentliche Ordnung nicht stören. [226]

In allen anderen nicht genannten Mitgliedstaaten, haben beide Schutzarten gleiche Regelungen in Bezug auf den Zugang zum Arbeitsmarkt.[227]

5.1.1.6 Recht auf Wohnraum

Nach Artikel 32 QLR müssen die Mitgliedstaaten gewährleisten, dass Personen, denen internationaler Schutz zuerkannt worden ist, Zugang zu Wohnraum unter Bedingungen erhalten, die den Bedingungen gleichwertig sind, die für andere Drittstaatsangehörige.

In der Praxis gestatten es mehrere Mitgliedstaaten, Personen mit internationalem Schutzstatus für einen bestimmten Zeitraum nach der Anerkennung in den Aufnahmeeinrichtungen zu bleiben.

---

225 Vgl. Asylum Information Database , Country Report: Switzerland 2017, S. 69

226 Vgl. Asylum Information Database, Country Report: Belgique , S.112

227 Vgl. Asylum Information Database, Comparative Reports, S.22

Diese Fristen unterscheiden sich:

Erlaubter Aufenthalt in den Aufnahmezentren (in Monaten)	
1	HU,UK
2	BE,PL,SE
3	FR
6	BG, ES,IT(SPRAR)
12	MT, SR
24	HR

Tabelle 5: Erlaubter Aufenthalt in den Aufnahmezentren[228]

In Frankreich, Italien und Malta können diese Zeiträume auf Anfrage, in Ausnahmefällen verlängert werden. In Italien gilt die Frist von sechs Monaten nur für den Aufenthalt der Flüchtlinge in SPRAR-Unterkünften[229], während die Vorschriften für den Aufenthalt in Einrichtungen für vorübergehende Unterbringung (CAS) von Region zu Region sehr unterschiedlich sein können. Flüchtlinge können aufgefordert werden, das CAS innerhalb von 6 Monaten in Triest oder bis 24 Stunden in Padua oder sofort in Ancona zu verlassen. In Zypern ist dies nicht geregelt, die Praxis zeigt, dass die Personen nach Erhalt des Schutzstatus mehrere Monate in den Aufnahmezentren bleiben. In der Schweiz und in Irland gibt es keine zeitliche Begrenzung für die Unterkunft, die mit dem Empfang des Status verbunden ist. Solange eine Person auf Sozialhilfe angewiesen ist, wird Wohnraum vom Kanton bereitgestellt. Aufgrund der politischen Struktur in der Schweiz hängt die konkrete Ausgestaltung vom Kanton ab.[230] In Deutschland sind die Länder gem. § 44 Abs. 1 AsylVfG verpflichtet, für die Unterbringung erforderliche Aufnahmeeinrichtungen zu schaffen und die notwendigen Plätze bereitzustellen.

5.2 Ergebnis

Mithin stellt die Qualifikationsrichtlinie in ihrer jetzigen Umsetzung nicht in allen Mitgliedstaaten eine wesentliche Angleichung der beiden Schutzgruppen dar. Auch die EU-Kommission ist dieser Meinung und schlägt in Ihrer Mitteilung vom 6.4.2016 vor, die derzeitige Qualifikationsrichtlinie durch eine Verordnung zu

[228] aus dem Englischen nach Asylum Information Database, Content of Protection-Housing 2016

[229] Unterkünfte vom Projekt „System zur Aufnahme und Integration von Flüchtlingen"

[230] Vgl. Asylum Information Database, Content of Protection-Housing 2016

ersetzen, die einheitliche Vorschriften für die Verfahren und Rechte enthält, die internationalen Schutz genießenden Personen zu gewähren sind.[231]

5.3 Reform der Qualifikationsrichtlinie

Verordnungen des Rates und der Kommission sind gem. § 288 Abs. 2 AEUV Rechtsakte, die Unterscheidung von Richtlinien liegt darin, dass Verordnungen allgemeine Geltung haben, und in allen ihren Teilen verbindlich sind und unmittelbar in jedem Mitgliedstaat gelten. Nach Art. 288 Abs. 3 AEUV wird die Richtlinie charakterisiert als denjenigen Rechtsakt, der für jeden Mitgliedstaat, an der er gerichtet ist, hinsichtlich des zu erreichenden Zieles verbindlich ist, den innerstaatlichen Stellen jedoch die Wahl der Form und der Mittel überlässt. [232]

Die Kommission beabsichtigt mit der Transformation der Qualifikationsrichtlinie in eine Verordnung in erster Linie mehr Konvergenz zwischen den Mitgliedstaaten.[233] Die zu gewährenden Rechte sollen von der Kommission sorgfältig geprüft werden und bei Bedarf auch angepasst werden. Diese Anpassung, soll um sowohl unangemessene Zuwanderungsanreize, als auch Sekundärbewegungen zu verringern diesen [234] In dem Entwurf des Berichts, der von der Berichterstatterin des Europäischen Parlaments am 21. Februar 2017 veröffentlicht wurde wird erklärt, dass: „Die Berichterstatterin bei der Ausarbeitung des Berichts sich durch die Logik der Angleichung der beiden Schutzstatus und einer weiteren Harmonisierung leiten gelassen hat. Die gegenwärtige Praxis in den Mitgliedstaaten und das Konzept des Schutzes an sich bieten keine effektiven Gründe für eine Unterscheidung zwischen den beiden Status. Insbesondere zeigt die Realität, dass der subsidiäre Schutz auf der ungerechtfertigten Annahme basiert, dass dieser Schutz eher vorübergehender Art und in seiner Wirksamkeit begrenzt ist.“ [235]

---

[231] Europäische Kommission, Reformierung des gemeinsamen europäischen Asylsystems und Erleichterung legaler Wege nach Europa, COM (2016) 197 final v. 6.4.2016

[232] Vgl. Oppermann/Classen/Nettesheim, Europarecht, S. 120 ff.

[233] Europäische Kommission, Reformierung des gemeinsamen europäischen Asylsystems und Erleichterung legaler Wege nach Europa, COM (2016) 197 final v. 6.4.2016, S.10

[234] Europäische Kommission, Reformierung des gemeinsamen europäischen Asylsystems und Erleichterung legaler Wege nach Europa, COM (2016) 197 final v. 6.4.2016, S.12

[235] Europäisches Parlament, Bericht über den Vorschlag für eine Verordnung, PE599.799v03-00 v. 28.06.2017, S.87

Da der Kommissionsvorschlag beschränkend ist und die Ausgangsposition im Rat und im Europäischen Parlament fragmentiert ist wird davon ausgegangen, dass die Verhandlungen über die Verordnung nicht einfach sein werden. Auch dadurch, dass der Geltungsbereich des GEAS in Bezug auf die Familienzusammenführung oder Einbürgerung begrenzt ist, wäre auch im Falle der Transformation der kohärente Ansatz für den Inhalt des internationalen Schutzes in der Verordnung nicht gegeben. Allerdings würde der Wegfall der mit der Trennung verbundenen ungleichen Rechte der beiden Schutzstatus, wichtige politische Vorteile mit sich bringen. Zum einen wäre damit die Förderung der Integration möglich, Schutzsuchende würden aktive Mitglieder der Gesellschaft werden, Prozesskosten könnten reduziert werden und auch der Verwaltungsaufwand könnte somit reduziert werden.[236]

[236] Vgl. Aida, Refugee rights subsiding?, S.28

6 Fazit und Ausblick

Die Einarbeitung in die wirtschaftliche und rechtliche Materie der Flüchtlingsproblematik zeigte erste Spannungen und Ungleichgewichte bei der Entwicklung zur Vereinheitlichung.

Wie bereits beim Punkt „Der wirtschaftliche Effekt der Flüchtlingskrise" nachgewiesen, hat die jüngste Flüchtlingskrise dazu geführt, dass die EU und die Mitgliedstaaten hohe Ausgaben erbringen müssen, sei es für das Aufnehmen der Flüchtlinge oder auch für die Bekämpfung der Flüchtlingskrise. Speziell die Fluchtbekämpfungsmaßnahmen der EU und die der Mitgliedstaaten haben zu hohen Kosten geführt. Die Prognosen verschiedener Studien haben gezeigt, dass die Aufnahme der Asylbewerber für die Mitgliedstaaten kurzfristig teuer ist, jedoch langfristig zu einem Wirtschaftswachstum führen könnte, wenn die Asylbewerber in den Arbeitsmarkt integriert werden. Auch die erst mit der Flüchtlingskrise eingeführten Grenzkontrollen in Deutschland, Schweden, Österreich, Frankreich, Norwegen und Dänemark haben sich negativ auf die Wirtschaft ausgewirkt. Grenzkontrollen bedeuten nämlich zusätzliche Mehrkosten für europäische Unternehmen.

In dem Punkt „Internationales Flüchtlingsrecht" wird gezeigt, dass das Flüchtlingsrecht auf der GFK basiert. Die GFK legt fest, wer ein Flüchtling ist und welchen Schutz er erhalten soll. Die GFK beinhaltet Rechte für anerkannte Flüchtlinge. Diese müssen von alle Staaten, die ratifiziert haben, eingehalten werden, in Europa sind es alle Mitgliedstaaten. Kernstück der Konvention ist der Art. 33 Abs. 1 GFK, die Nicht-Zurückweisung. Demnach müssen die Vertragsstaaten der GFK Flüchtlinge nicht aufnehmen oder anerkennen, jedoch dürfen sie diese in Länder ausweisen, in denen ihnen Verfolgung droht. Auch in der EMRK, welches das gewichtigste Menschenrechtsübereinkommen in Europa ist, sind die Rechte für Flüchtlinge nochmals gestärkt worden. Auch die EMRK ist durch die Ratifizierung für alle Mitgliedstaaten der EU für verbindlich erklärt.

In dem Punkt „Legalität des sogenannten Türkei-Deals" wurde geprüft, inwieweit das Türkei-Abkommen mit dem GFK und der EMRK vereinbar ist. Die GFK war zuvor nur bezogen auf Flüchtlinge aus Europa, erst seit dem „New Yorker Protokoll von 1967" sind Drittstaatsangehörige inbegriffen. Die Türkei hatte sich zuvor auf Art.1 Nr. 3 des Protokolls gestützt und den Geltungsbereich der GFK nur auf Menschen, die aus Europa fliehen, beschränkt. Im Zuge dessen, dürften Flüchtlinge aus Syrien nicht in die Türkei ausgewiesen werden, da die Türkei unter diesen Umständen kein sicherer Drittstaat ist. Durch die Prüfung wurde festgestellt, dass hier im

Rahmen des Abkommens Gesetze umgangen wurden. Die Türkei hat eine individuelle Regelung nur für Flüchtlinge aus Syrien eingeführt, um als sicherer Drittstaat für diese Personen gelten zu können. Auch die individuelle Prüfung der Anträge, die die Kollektivausweisung ausschließt, wurde umgegangen, indem die Hotspot-Zentren die rechtlichen Hindernisse vor der Abschiebung prüften. Die Frage, ob hier von einer wirklichen „Legalisierung" gesprochen werden kann, bleibt offen.

Darüber hinaus lässt sich in dem Punkt „Europäisches Flüchtlingsrecht" feststellen, dass es eine Verbindung zwischen dem Internationalen Flüchtlingsrecht und dem europäischen Flüchtlingsrecht gibt. In allen primären Rechtsquellen für das europäische Flüchtlingsrecht, AEUV, EUV und der GRC, sind Verweise auf die GFK und EMRK zu finden. In der primären Gesetzgebung Art. 78 Abs. 1 AEUV wird die umfangreiche Politik auf dem Gebiet von Asyl- und Flüchtlingsfragen innerhalb der Union geregelt. In Art. 78 Abs. 2 AEUV wird der subsidiäre Schutzstatus erwähnt, welcher nicht in der GFK inbegriffen ist. Bei der Untersuchung des Abs. 2 wurde festgestellt, dass der Maßstab des subsidiären Schutzstatus nicht in dem Artikel 78 Abs. 2 AEUV festgelegt ist, sondern in der Anerkennungs- und Qualifikationsrichtlinie, welche im GEAS verankert ist. Aber auch der „subsidiäre Schutzstatus" nach der Richtlinie ist nicht eindeutig zu verstehen. Das führt dazu, dass die Mitgliedstaaten den Maßstab national auslegen, daher fallen die Anerkennungsraten der Schutzarten in den Mitgliedstaaten so unterschiedlich aus, wie der Tabelle in dem Punkt „Entscheidungen der Asylanträge" zu entnehmen ist. Als Lösung könnte, wie in dem Punkt „Schwächen der EU-Asylpolitik und praktische Hinweise" aufgeführt, der Maßstab des „subsidiären Schutzstatus" in die primäre Gesetzgebung transformiert und der Maßstab so festgelegt werden, dass dieser für alle Mitgliedstaaten zu verstehen und verbindlich ist.

Auch die Dublin-Verordnung, die ein Teil des GEAS ist, hat seit der Flüchtlingskrise zu Problemen geführt, besonders in den Mitgliedstaaten mit Außengrenzen. Auch die Notstandklausel, die in Art. 78 Abs. 3 AEUV enthalten ist, für einen plötzlichen Zustrom von Drittstaatangehörigen, konnte das Dublin-Problem nicht lösen. Die durch die Notstandklausel vorgesehene Umverteilung der Flüchtlinge aus Griechenland und Italien in andere Mitgliedstaaten hat ebenfalls zu Problemen geführt, die Mitgliedstaaten Ungarn, Polen und Tschechien haben sich geweigert Flüchtlinge aufzunehmen. Währenddessen wurde die Solidarität der Mitgliedstaaten hinterfragt, zwar erfordert der Art. 80 AEUV Solidarität der Mitgliedstaaten, jedoch wurde festgestellt, dass die Union die Mitgliedstaaten nicht zur Solidarität zwingen darf.

In der Theorie erweist sich das GEAS als ein einheitliches europäisches Flüchtlingsrecht, in der Praxis jedoch ist nicht von einer einheitlichen Umsetzung zu sprechen.

Im Mittelpunkt dieser Arbeit stand die Untersuchung, ob die Qualifikationsrichtlinie ihr Ziel der Gleichbehandlung der beiden Schutzgruppen erreichen konnte, und welche Folgen die Richtlinie mit sich bringt.

Im „Ergebnis" wurde festgestellt, dass die Rechtstellungen der beiden Schutzarten sich auf der nationalen Ebene in den Mitgliedstaaten unterscheiden, an dieser Stelle entscheiden die Mitgliedstaaten national, wie sie die Rechte gewähren. Das Ziel der Gleichbehandlung ist wie festgestellt, nicht in allen Mitgliedstaaten erreicht worden. Die ungleiche Rechtsstellung führt zu Problemen, zum einen können subsidiär Schutzberechtigte nicht ganz in die Gesellschaft integriert werden, auch kann es dazu kommen, dass Schutzsuchende sich ein Mitgliedstaat aussuchen, von dem sie meinen, dass dieser die angenehmsten Rechte für sie bietet. Die Trennung der Rechtsstellungen weisen für Schutzsuchende und für die Mitgliedstaaten Probleme auf. Auch kann sich diese Benachteiligung der subsidiär Schutzberechtigten auf die Wirtschaft auswirken. Dem Punkt „Der wirtschaftliche Effekt der Flüchtlingskrise" ist zu entnehmen, dass die Studien die dort vorgestellt wurden, beide auf das Ergebnis gekommen sind, dass Asylbewerber in die Gesellschaft und in den Arbeitsmarkt integriert werden müssen, um langfristig ein Wirtschaftswachstum von ihnen erwarten zu können.

Die Lösung für dieses Problem könnte zum einen sein, dass die Richtlinie in eine Verordnung umgewandelt wird, wie auch von der EU-Kommission vorgeschlagen. Da Verordnungen allgemeine Geltung haben, müssten festgesetzte Regelungen umgesetzt werden, dadurch könnte die Angleichung der beiden Schutzstatus in allen Mitgliedstaaten realisiert werden. Jedoch kann die Reform der Richtlinie nicht kurzfristig umgesetzt werden. Eine alternative Lösung wäre, die vorgesehenen Mindeststandards der beiden Schutzgruppen mit festgesetzten maximal erlaubten Abweichungen zu ergänzen, um kurzfristig das Problem ins Gleichgewicht zu bringen.

Die Qualifikationsrichtlinie ist nur ein Teil des ganzen Problems. Die befriedigendste Lösung für die Flüchtlingsproblematik, ist die Bekämpfung der Fluchtursachen in den Herkunftsländern. Wenn es den Menschen in ihrer Heimat gut geht, brauchen sie auch nicht zu flüchten. Die umfassende Entwicklungshilfe ist dabei sehr wichtig. Dazu sagte der Bundesminister für Entwicklungszusammenarbeit: „Fluchtursachen bekämpfen heißt in Entwicklung investieren".

Abschließend bleibt abzuwarten, ob die Reform der Qualifikationsrichtlinie umgesetzt wird und welche Diskussionen diese mit sich bringen wird.

6.1 Kritische Würdigung

Die EMRK und die GFK sind sehr große Errungenschaften der Menschheit, auf die man ganz klar stolz sein kann. Doch der Frage, ob diese nicht in Folge der Flüchtlingskrise verletzt wurden, ist nicht zu entkommen. Das Türkei-Abkommen hat sein Ziel erreicht. Seitdem schaffen es weniger Flüchtlinge in die EU, aber reicht das bloße Umgehen der Gesetze? Kann ein Land mit einer bloßen Gesetzesänderung mehr Sicherheit für Flüchtlinge bieten? In diesem Fall bleibt die Frage offen, ob hier nicht Art. 13 EMRK verletzt wurde.

Die Flüchtlingskrise hat auch dazu beigetragen, dass sich Mitgliedstaaten der EU ungerecht behandelt fühlen, an dieser Stelle sollte man sich vielleicht in die Lage dieser Länder versetzen. Diese Länder haben nicht die wirtschaftliche Macht, die Deutschland besitzt. Die EU als Währungsunion sollte diese Länder unterstützen und somit dazu beitragen, dass die Spannung zwischen den EU-Ländern, die seit geraumer Zeit herrscht, sich auflockert.

Auch das Problem der Qualifikationsrichtlinie ist im Umkehrschluss auf die Lage der Mitgliedstaaten untereinander zu führen. Europa muss in dieser bitteren Zeit, der Flüchtlingskrise, zusammen agieren. Auch die Richtlinien können nur so funktionieren.

Anhang A

Mitgliedstaat	Umverteilung				
	Zusagen von den jeweiligen MS	Aufgenommen aus Italien	Aufgenommen aus Griechenland	Gesetzlich für jedes MS vorgesehen	Soll: Verbleibende Flüchtlinge am Standndort
Belgien	1530	361	698	3812	2753
Bulgarien	1070	x	50	1302	1252
Dänemark	x	x	x	x	x
Deutschland	13250	3972	5197	27536	18367
Estland	396	x	141	329	188
Finnland	2128	779	1201	2078	98
Frankreich	6940	377	4322	19714	15015
Griechenland	x	x	x	x	x
Irland	1152	x	661	600	0
Italien	x	x	x	x	x
Kroatien	316	18	60	968	890
Lettland	627	27	294	481	160
Litauen	1160	29	355	671	287
Luxemburg	545	211	271	557	75
Malta	205	67	101	131	0
Niederlande	2825	842	1709	5947	3396
Österreich	50	15	x	1953	1938
Polen	100	x	x	6182	6182
Portugal	3218	315	1192	2951	1444
Rumänien	2182	45	683	4180	3452
Schweden	3777	1202	1649	3766	915
Slowakei	60	x	16	902	886
Slowenien	579	60	172	567	335
Spanien	2500	205	1096	9323	8022
Tschechien	50	x	12	2691	2679
Ungarn	x	x	x	1294	1294
Vereinigtes Königreich	x	x	x	x	x
Zypern	205	47	96	320	177
SUMME	47905	10265	21253	98255	68835

Abbildung 5 Mitgliedstaaten Unterstützung bei der Notfallverteilung
Quelle : aus dem Englischen nach: https://ec.europa.eu/home-affairs/sites/homeaffairs/files/what-we-do/policies/european-agenda-migration/press-material/docs/state_of_play_-_relocation_en.pdf

Anhang B

	Positive Entscheidungen*					Umgesiedelte Flüchtlinge
	Gesamtzahl		Davon:			
	Anzahl	Je eine Million Einwohner	Flüchtlings-status	Subsidiärer Schutz	Humanitäre Gründe	
EU	**710 395**	**1 390**	**389 670**	**263 755**	**56 970**	**14 205**
Belgien	15 395	1 360	12 080	3 315	-	450
Bulgarien	1 365	190	765	600	-	0
Tschech. Rep.	450	45	145	300	5	0
Dänemark	7 405	1 295	4 475	2 880	50	310
Deutschland	445 210	5 420	264 645	154 550	26 010	1 240
Estland	130	100	65	65	0	10
Irland	790	165	645	140	-	355
Griechenland	8 545	790	3 240	405	4 900	0
Spanien	6 875	150	375	6 500	5	375
Frankreich	35 170	525	23 225	11 945	-	1 420
Kroatien	100	25	85	15	-	0
Italien	35 450	585	4 805	12 120	18 530	1 045
Zypern	1 420	1 675	230	1 190	0	0
Lettland	150	75	45	100	-	5
Litauen	195	70	180	15	0	25
Luxemburg	770	1 335	745	30	-	50
Ungarn	440	45	160	270	5	5
Malta	1 255	2 890	190	1 010	55	0
Niederlande	21 825	1 285	10 080	11 280	465	695
Österreich	31 750	3 655	25 525	5 705	520	200
Polen	390	10	125	200	65	0
Portugal	320	30	105	215	-	0
Rumänien	820	40	605	215	0	0
Slowenien	175	85	140	30	-	0
Slowakei**	210	40	5	10	195	0
Finnland	7 365	1 340	4 505	1 755	1 105	945
Schweden	69 350	7 040	17 900	48 300	3 150	1 890
Ver. Königreich	17 080	260	14 585	585	1 910	5 180
Island	115	345	60	40	20	55
Liechtenstein	40	1 065	20	10	15	0
Norwegen	13 190	2 530	11 695	460	1 035	3 290
Schweiz	13 330	1 600	5 945	1 815	5 570	620

Die Daten wurden auf die Endziffern 5 oder 0 auf- bzw. abgerundet. Aus diesem Grund können die Summen von der Gesamtzahl abweichen.
0 bedeutet weniger als 3.
- Nicht zutreffend
* Entscheidungen in erster Instanz und endgültige Berufungsentscheide.
** Vorläufige Daten
Der Quelldatensatz für erstinstanzliche Entscheidungen findet sich hier und der Quelldatensatz für endgültige Entscheidungen findet sich hier.

Abbildung 6 Positive Entscheidungen über Asylanträge im Jahr 2016
Quelle: Eurostat, Pressemitteilung 70/2017 v. 26. April 2017

Quellenverzeichnis

ABDI-HERRLE, Sasan (2017): Flüchtlinge: Auf den Status kommt es an. Die Zeit. Hamburg Online verfügbar unter: URL: http://www.zeit.de/politik/deutschland/2017-02/fluechtlinge-syrien-oberverwaltungsgericht-nordrhein-westfalen-bamf-fluechtlingsstatus [14.11.2017]

AIDA (2016): Content of Protection. Content of protection. Online verfügbar unter: URL: http://www.asylumineurope.org/comparator/protection [24.11.2017]

AIDA (2017a): Refugee rights subsiding?. Comparative Reports. Online verfügbar unter: URL: http://www.asylumineurope.org/sites/default/files/shadow-reports/aida_refugee_rights_subsiding.pdf [28.11.2017]

AIDA (2017b): Country Report: France. Country Report. Online verfügbar unter: URL: http://www.asylumineurope.org/reports/country/france [29.11.2017]

AIDA (2017c): Country Report: Austria. Country Report. Online verfügbar unter: URL: http://www.asylumineurope.org/reports/country/austria [29.11.2017]

AIDA (2017d): Country Report: Switzerland. Country Report:Switzerland. Online verfügbar unter: URL: http://www.asylumineurope.org/reports/country/switzerland [29.11.2017]

AIDA (o. J.): About AIDA. Online verfügbar unter: URL: http://www.asylumineurope.org/about-aida [24.11.2017]

AIDA (o. J.): Travel documents - Switzerland | Online verfügbar unter: URL: http://www.asylumineurope.org/reports/country/switzerland/content-international-protection/movement-and-mobility/travel-documents [24.11.2017]

Aiyar, SHEKHAR; Barkbu, BERGLJOT; BATINI, Nicoletta; BERGER, Helge; DIZIOLI, Allan; EBEKE, Christian; Huidan, Huidan Lin; Kaltani, Linda; Sosa Sebastian; Spilimbergo, Antonia; Topalova, Petia (2016): The Refugee Surge in Europe : Economic Challenges. Online verfügbar unter: URL: http://www.imf.org/en/Publications/Staff-Discussion-Notes/Issues/2016/12/31/The-Refugee-Surge-in-Europe-Economic-Challenges-43609 [28.11.2017]

ALEXANDER, Robin (2017): Die Getriebenen: Merkel und die Flüchtlingspolitik: Report aus dem Inneren der Macht. (4. Auflage.). München: Siedler

ASYLUM INFORMATION DATABASE (2016): Content of protection | Asylum Information Database. Online verfügbar unter: URL: http://www.asylumineurope.org/comparator/protection [04.12.2017]

BUNDESAMT für MIGRATION und FLÜCHTLINGE (2016): Prüfung des Dublin-Verfahrens Online verfügbar unter: URL: http://www.bamf.de/DE/Fluechtlingsschutz/AblaufAsylv/PruefungDublinverfahren/pruefung-dublinverfahren-node.html [15.11.2017]

BECK, Friederike, KOPP VERLAG E.K (2016): Die geheime Migrationsagenda Wie elitäre Netz-werke mithilfe von EU, UNO, superreichen Stiftungen und NGOs Europa zerstören wollen.

BIEBER, ROLAND, EPINEY, ASTRID, HAAG, MARCEL, KOTZUR, MARkus (2016): Die Europäische Union: Europarecht und Politik. (12. Auflage.). Baden-Baden: Nomos

BMZ, BUNDESMINISTERIUM FÜR WIRTSCHAFTLICHE ZUSAMMENARBEIT UND ENTWICKLUNG (o. J.): Deutsches Engagement. Online verfügbar unter: URL: http://www.bmz.de/de/themen/Sonderinitiative-Fluchtursachen-bekaempfen-Fluechtlinge-reintegrieren/deutsche_politik/index.jsp [06.12.2017]

BUNDESAMT FÜR MIGRATION UND FLÜCHTLINGE (2015): Einbürgerung in Deutschland. Online verfügbar unter: URL: http://www.bamf.de/DE/Willkommen/Einbuergerung/InDeutschland/indeutschland-node.html [29.11.2017]

BUNDESAMT FÜR MIGRATION UND FLÜCHTLINGE (2016): Subsidiärer Schutz. Willkommen in Deutschland. Online verfügbar unter: URL: http://www.bamf.de/DE/Fluechtlingsschutz/AblaufAsylv/Schutzformen/SubsidiaererS/subsidiaerer-schutz-node.html [26.11.2017]

BUNDESAMT FÜR MIGRATION UND FLÜCHTLINGE (2017a): Aktuelle Zahlen zu Asyl. Online ver-fügbar unter: URL: http://www.bamf.de/SharedDocs/Anlagen/DE/Downloads/Infothek/Statistik/Asyl/aktuelle-zahlen-zu-asyl-oktober-2017.pdf?__blob=publicationFile [27.11.2017]

BUNDESAMT FÜR MIGRATION UND FLÜCHTLINGE (2017b): Zugang zum Arbeitsmarkt für geflüch-tete Menschen. Infothek. Online verfügbar unter: URL: http://www.bamf.de/DE/Infothek/FragenAntworten/ZugangArbeitFluechtlinge/zugang-arbeit-fluechtlinge-node.html [29.11.2017]

BUNDESAMT FÜR MIGRATION UND FLÜCHTLINGE (o. J.): Genfer Flüchtlingskonvention. Online verfügbar unter: URL: http://www.bamf.de/DE/Service/Left/Glossary/_function/glossar.html?nn=1363008&lv2=5831822&lv3=4552988 [08.11.2017]

BUNDESZENTRALE FÜR POLITISCHE BILDUNG (2011): 60 Jahre Genfer Flüchtlingskonvention. Online verfügbar unter: URL: http://www.bpb.de/politik/hintergrund-aktuell/68760/60-jahre-genfer- [03.12.2017]

COUNCIL OF EUROPE (2017): Glossar. Europarat. Online verfügbar unter: URL: https://www.coe.int/de/web/conventions/glossary [10.11.2017]

COUNTRY REPORT: BELGIQUE (2017): AIDA Online verfügbar unter: URL: http://www.asylumineurope.org/reports/country/belgium [29.11.2017]

CREMER, HENDRIK (2016): Menschenrecht Asyl. Berlin: Bundeszentrale für politische Bildung Online verfügbar unter: URL: http://www.bpb.de/apuz/222202/menschenrecht-asyl?p=all#footnodè9-9 [08.11.2017]

DEUTSCHER BUNDESTAG (2015): Dublin-III-Verordnung – Zurückschiebung von Drittstaatsan-gehörigen und Antragstellern. Ausarbeitung Nr. PE 6-3000-128/15 vom 27.10.2015. Online verfügbar unter: URL: https://www.bundestag.de/blob/410058/d2ec7b2033a18ce464b1f15658ac093c/pe-6-128-15-pdf-data.pdf [10.11.2017]

DEUTSCHER BUNDESTAG (2016): Regierung: Türkei ist sicherer Drittstaat. Nr. hib 316/2016 vom 01.06.2016. Online verfügbar unter: URL: https://www.bundestag.de/presse/hib/201606/-/425468 [10.11.2017]

DEUTSCHES INSTITUT FÜR MENSCHENRECHTE (2017): Was ist der Unterschied zwischen Un-terzeichnung und Ratifizierung? Online verfügbar unter: URL: http://www.institut-fuer-menschenrechte.de/themen/entwicklungspolitik/oft-gestellte-fragen/was-ist-der-unterschied-zwischen-unterzeichnung-und-ratifizierung/ [30.11.2017]

DEUTSCHER BUNDESTAG (2016): Familiennachzug zu subsidiär Schutzberechtigten in ausge-wählten EU-Staaten. WD 3 - 3000 - 231/16 vom 21.November.2016. Online verfügbar unter: URL: https://www.bundestag.de/blob/497892/11d982388f8157ebd62dead6f1bcfb86/wd-3-021-17-pdf-data.pdf [03.12.2017]

DIE BUNDESAUSLÄNDERBEAUFTRAGTEN (o. J.): Asylbewerber. Online verfügbar unter: URL: http://www.bundesauslaenderbeauftragte.de/asylbewerber.html [28.11.2017]

EUROPEAN COMMISSION (2017): Monthly Report on the Implementation of the Facility for Ref-ugees in Turkey .Online verfügbar unter: URL: http://ec.europa.eu/budget/library/biblio/documents/2017/budg-report-201703-Facility-Refugees-Turkey.pdf [22.11.2017]

EUROPÄISCHE KOMMISSION (2015): Flüchtlingskrise: Was tut die EU? Luxemburg: Amt für Veröffentlichungen der Europäischen Union

EUROPÄISCHE KOMMISSION (2017): Europäische Migrationsagenda und Finanzstabilität der EU. Text Online verfügbar unter: URL: https://ec.europa.eu/commission/news/european-agenda-migration-and-financial-stability-eu-2017-jun-13_de [07.11.2017]

EUROPÄISCHE KOMMISSION (2017): Reformierung des gemeinsamen Europäischen Asylsys-tems. COM (2016) 197 vom 6.4.2016 .Online verfügbar unter: URL: https://ec.europa.eu/transparency/regdoc/rep/1/2016/DE/1-2016-197-DE-F1-1.PDF [07.11.2017]

EUROPÄISCHE KOMMISSION (2017): Pressemitteilung Europäische Migrationsagenda: Kom-mission stellt neue Maßnahmen für eine wirksame und glaubwürdige Rückkehrpolitik der EU vor. Online verfügbar unter: URL: http://europa.eu/rapid/press-release_IP-17-350_de.htm [11.11.2017]

Europäische Kommission (2016): Sicherung der Aussengrenzen Europas. Online verfügbar unter: URL: https://ec.europa.eu/home-affairs/sites/homeaffairs/files/what-we-do/policies/securing-eu-borders/fact-sheets/docs/20161006/a_european_border_and_coast_guard_de.pdf [20.11.2017]

EUROPÄISCHES PARLAMENT (2017) Bericht über den Vorschlag für eine Verordnung, PE599.799v03-00 Online verfügbar unter: URL: http://www.europarl.europa.eu/sides/getDoc.do?type=REPORT&reference=A8-2017-0245&format=XML&language=DE [06.11.2017]

Europäisches Parlament (O.J.) Raum der Freiheit, der Sicherheit und des Rechts: Allgemei-ne Aspekte | EU-Kurzdarstellungen |: Online verfügbar unter: URL: http://www.europarl.europa.eu/atyourservice/de/displayFtu.html?ftuId=FTU_5.12.1.html [16.11.2017]

EUROPÄISCHE UNION, FISCHER, Hans Georg (Hrsg.) (2010): EUV/AEUV: Textausgabe der Verträge über die Europäische Union (Lissabon-Vertrag) mit deutschen Begleitgeset-zen. Köln: Luchterhand

EUROPÄISCHE KOMMISSION, (2016): Die EU und die Flüchtlingskrise. Luxemburg: Publications Office: Amt für Veröffentlichungen. Online verfügbar unter URL: https://ec.europa.eu/germany/sites/germany/files/na0416628den_002.pdf [18.11.2017]

EUROPÄISCHE KOMMISSION (2014): Leitlinien zur Anwendung der Richtlinie 2003/86/EG des Rates betreffend das Recht auf Familienzusammenführung. COM (2014) 210 final vom 3.4.2014 Online verfügbar unter: URL: http://www.europarl.europa.eu/meetdocs/2014_2019/documents/com/com_com%282014%290210_/com_com%282014%290210_de.pdf [22.11.2017]

Eurostat (2017): Asylentscheidungen in der EU. Pressemitteilung Nr. 70/2017 vom 26. April 2017. Online verfügbar unter: URL: http://ec.europa.eu/eurostat/documents/2995521/8001720/3-26042017-AP-DE.pdf/08ccec8e-7b7e-4d9f-a5b6-3bc807fd0d4f [18.11.2017]

FISCHER, Klemens H. (2016): Die Entwicklung des europäischen Vertragsrechts: von den Römischen Verträgen bis zum Vertrag von Lissabon. (2. Auflage.). Baden-Baden: Nomos

FOCUS ONLINE (2017): Europäische Flüchtlingskarte: wo sind die Geflohenen, wieviele woll-ten 2017 Asyl. Online verfügbar unter: URL: http://www.focus.de/politik/ausland/europa-die-grosse-fluechtlingskarte_id_7420054.html [04.12.2017]

FROWEIN, Jochen Abr, PEUKERT, Wolfgang (2009): Europäische Menschen-RechtsKonventi-on: EMRK-Kommentar. (3., vollst. neu bearb. Aufl.). Kehl am Rhein: Engel

GEIGER, Rudolf, KHAN, Daniel-Erasmus, KOTZUR, Markus (Hrsg.) (2017): EUV, AEUV: Ver-trag über die Europäische Union: Vertrag über die Arbeitsweise der Europäischen Union: Kommentar. (6., überarbeitete Auflage.). München: C.H. Beck

SÜDDEUTSCHE ZEITUNG (2015): So viel kostet die Festung Europa. Munich. Online verfügbar unter: URL: http://www.sueddeutsche.de/politik/fluechtlingspolitik-so-viel-kostet-die-festung-europa-1.2516084 [19.11.2017]

HAILBRONNER, Kay (2014): Asyl- und Ausländerrecht. (3. überarbeitete Auflage.). Stuttgart: Kohlhammer

HARTLEB, Florian (2017): Die Stunde der Populisten: wie sich unsere Politik trumpetisiert und was wir dagegen tun können. Schwalbach/Ts: Wochenschau Verlag

HASSE, Marianne, JUGL, Jan C. (2007): Asyl- und Flüchtlingspolitik der EU | bpb. Online ver-fügbar unter: URL: http://www.bpb.de/gesellschaft/migration/dossier-migration/56551/asyl-fluechtlingspolitik [07.11.2017]

HÖLLMANN, André (2014): Flucht ins ungelobte Land: die Asyl- und Migrationspolitik der Eu-ropäischen Union. Marburg: Tectum Verlag

HUBER, Bertold, BEICHEL-BENEDETTI, Stephan, GERMANY (Hrsg.) (2016): Aufenthaltsgesetz: Freizügigkeitsgesetz/EU, ARB 1/80 und [Paragraphen] 2-4 AsylG. (2. Auflage.). Mün-chen: C.H. Beck

HUNDT, Marion (2016): Aufenthaltsrecht und Sozialleistungen für Geflüchtete: Praxisleitfaden für Verwaltungs- und Sozialeinrichtungen, Fachkräfte und Ehrenamtliche. (Bearbei-tungsstand: Oktober 2016.). Regensburg: Walhalla

JARASS, Hans D. (2016): Charta der Grundrechte der Europäischen Union: unter Einbezie-hung der vom EuGH entwickelten Grundrechte, der Grundrechtsregelungen der Ver-träge und der EMRK: Kommentar. (3. Auflage.). München: C.H. Beck

KAPUSTINA, Olga (2011): Stichwort: Die Genfer Flüchtlingskonvention | Welt | DW | 26.07.2011. Online verfügbar unter: URL: http://www.dw.com/de/stichwort-die-genfer-fl%C3%BCchtlingskonvention/a-15265945 [08.11.2017]

KASPAREK, Bernd (2017): Europas Grenzen: Flucht, Asyl und Migration: eine kritische Einfüh-rung. Berlin: Bertz + Fischer

KEßLER, Stefan, MÜNCH, Bertold, FRIEDERIKE HAGER, Nina, VILMAR, Franziska, PELZER, Marei, HABBE, Heiko, HOFFMANN, Holger (o. J.): Neuregelungen im EU-Flüchtlingsrecht., (Beilage zum Asylmagazin 7–8/2013) Online verfügbar unter: URL: http://www.asyl.net/fileadmin/user_upload/redaktion/Dokumente/Arbeitshilfen/EU_Beilage_web_fin.pdf [30.11.2017]

KINGSLEY, Patrick, FREUNDL, Hans, ROLLER, Werner (2016): Die neue Odyssee: eine Ge-schichte der europäischen Flüchtlingskrise. Online verfügbar unter: URL: http://nbn-resolving.de/urn:nbn:de:101:1-201610044807 [16.11.2017]

KLUTH, Winfried, HEUSCH, Andreas, GERMANY, GERMANY (Hrsg.) (2016): Ausländerrecht: AufenthG, AsylG, FreizügG/EU, ARB 1/80, AEUV, EMRK: Kommentar. München: C.H. Beck

KORTLÄNDER, Paul (2013): Die Verbindlichkeit der völkerrechtlichen Altverträge der Mitglied-staaten für die EU: eine Untersuchung am Beispiel der Asylpolitik. Berlin: LIT

LAFRAI, Cleopatra (2013): Die EU-Qualifikationsrichtlinie und ihre Auswirkungen auf das deut-sche Flüchtlingsrecht. (1. Aufl.). Bremen: EHV, Europ. Hochschulverl

LUFT, Stefan (2016): Die Flüchtlingskrise. München

MAISCH, Andreas (2016): Flüchtlinge: Wenn Asyl Glückssache ist. Die Zeit. Hamburg Online verfügbar unter: URL: http://www.zeit.de/politik/ausland/2016-04/fluechtlinge-anerkennung-unterschiede-europa [15.11.2017]

MALMSTÖM, Ceciia (2014): Das Gemeinsame Europäische Asylsystem. Europäische Kom-mission Online verfügbar unter: URL: https://ec.europa.eu/home-affairs/sites/homeaffairs/files/e-library/docs/ceas-fact-sheets/ceas_factsheet_de.pdf [11.11.2017]

MARX, Reinhard (2009): Handbuch zur Qualifikationsrichtlinie: Flüchtlingsanerkennung und subsidiärer Schutzstatus ; [mit Zugang zu einem Online-Fachforum]. Köln: Luchter-hand

MAUNZ,THEODOR. DÜRIG,GÜNTER, HERZOG, ROMAN(HRSG.)(2009). GRUNDGESETZ-KOMMENTAR, MÜNCHEN: BECK

MEIER, Albrecht (2016): Flüchtlingskrise und Schengen. Der Tagesspiegel Online verfügbar unter: URL: http://www.tagesspiegel.de/politik/fluechtlingskrise-und-schengen-wirtschaft-stemmt-sich-gegen-grenzkontrollen/12876276.html [11.11.2017]

MEYER, Hubert, RITGEN, Klaus, SCHÄFER, Roland, BARTELS, Tjark, GÖTZ, Alexander, OLTMER, Jochen (2016): Flüchtlingsrecht und Integration: Handbuch. Wiesbaden: Kommunal- und Schul-Verlag Wiesbaden

MEYER-LADEWIG, Jens (2011): EMRK: Europäische Menschenrechtskonvention ; Handkom-mentar. (3. Aufl.). Baden-Baden: Nomos-Verl.-Ges. [u.a.]

MEYER-LADEWIG, Jens, NETTESHEIM, Martin, RAUMER, Stefan von (Hrsg.) (2017): EMRK: Eu-ropäische Menschenrechtskonvention: Handkommentar. (4. Auflage.). Baden-Baden : Basel: Nomos ; Helbing Lichtenhahn Verlag

MÜLLER-GRAF, Peter-Christian, KAINER, Friedemann (2011): Asyl-, Einwanderungs- und Vi-sapolitik. Nomos

OECD (2017): OECD-Wirtschaftsausblick. Paris: OECD Publishing, Online verfügbar unter: URL: http://dx.doi.org/10.1787/eco_outlook-v2017-1-de [12.11.2017]

OPPERMANN, Thomas, CLASSEN, Claus Dieter, NETTESHEIM, Martin (2016): Europarecht: ein Studienbuch. (7., völlig neu bearbeitete Auflage.). München: C.H. Beck

PELZER, Marei (Hrsg.) (2015): EuropaRecht, Asyl & Migration: die Richtlinien und Verordnun-gen der Europäischen Union auf aktuellem Stand. (Originalausgabe.). Karlsruhe: von-Loeper-Literaturverl

PERNICE, Ingolf, KOLLOQUIUM ZUM 10. GEBURTSTAG DES WHI, WALTER-HALLSTEIN-INSTITUT FÜR EUROPÄISCHES VERFASSUNGSRECHT (Hrsg.) (2008): Der Vertrag von Lissabon: Reform der EU ohne Verfassung? ; Kolloquium zum 10. Geburtstag des WHI. (1. Aufl.). Baden-Baden: Nomos

POPTCHEVA, Eva-Maria, STUCHLIK, Andrej (2015): Arbeit und Sozialhilfe für Asylbewerber und Flüchtlinge. Wissenschaftlicher Dienst des Europäischen Parlaments Online verfügbar unter: URL: http://www.europarl.europa.eu/RegData/etudes/IDAN/2015/572784/EPRS_IDA(2015)572784_DE.pdf [01.11.2017]

PRIES, Ludger (2016): Migration und Ankommen: die Chancen der Flüchtlingsbewegung. FRANKFURT: CAMPUS VERLAG

RAT DER EUROPÄISCHEN UNION (2016): Schlussfolgerungen des Rates zur Konvergenz der Asylentscheidungen. Online verfügbar unter: URL: http://data.consilium.europa.eu/doc/document/ST-8210-2016-INIT/de/pdf

RÜTTGERS, Jürgen, DECKER, Frank (Hrsg.) (2017): Europas Ende, Europas Anfang: neue Perspektiven für die Europäische Union. Frankfurt: Campus Verlag

SCHNEIDER, Jan (2005): Flucht und Asylmigration. Bundeszentrale für politische Bildung Onli-ne verfügbar unter: URL: http://www.bpb.de/gesellschaft/migration/dossier-migration/56434/flucht-und-asylmigration [08.11.2017]

SCHWARZE, Till (2017): Flüchtlingsabkommen mit der Türkei: Inhalt, Ziele, Folgen. Die Zeit. Hamburg Online verfügbar unter: URL: http://www.zeit.de/politik/ausland/2017-02/fluechtlingsabkommen-tuerkei-eu-inhalt [20.11.2017]

STERN, Klaus, SACHS, Michael (Hrsg.) (2016): Europäische Grundrechte-Charta: GRCh: Kommentar. München: C.H. Beck

STREINZ, Rudolf, BINGS, Sophie, BURGI, Martin, KRUIS, Tobias, DANNECKER, Gerhard, MICHL, Walther, u. a. (Hrsg.) (2017): EUV/AEUV: Vertrag über die Europäische Union und Vertrag über die Arbeitsweise der Europäischen Union. (3. Auflage.). München: Beck

TIEDEMANN, Paul (2015): Flüchtlingsrecht: die materiellen und verfahrensrechtlichen Grundla-gen. Berlin: Springer

TITZE, Annegret (2008): Die deutsche Asylrechtsprechung und das internationale Flüchtlings-recht: Kontinuität oder Neuanfang? Berlin: Duncker & Humblot

UNHCR (o. J.): Statistiken. UNHCR Online verfügbar unter: URL: http://www.unhcr.org/dach/de/services/statistiken [03.12.2017]

VEDDER, Christoph Wilhelm, HEINTSCHEL VON HEINEGG, Wolff (Hrsg.) (2012): Europäisches Unionsrecht: EUV, AEUV, Grundrechte-Charta: Handkommentar. (1. Aufl.). Baden-Baden: Nomos

Verordnung über die Ausstellung von Reisedokumenten für ausländische Personen vom 14. November 2012 (2017): Online verfügbar unter: URL: https://www.admin.ch/opc/de/classified-compilation/20121548/201703010000/143.5.pdf [24.11.2017]

UNHCR (o. J.): Abkommen über die Rechtsstellung der Flüchtlinge vom 28. Juli 1951 Online verfügbar unter: URL: https://www.uno-fluechtlings-hilfe.de/shop/media/pdf/7b/8b/76/GFK_Pocket_2015.pdf [08.11.2017]

ZANDONELLA, Bruno (2006): Pocket Europa: EU-Begriffe und Länderdaten. (2. Aufl., Novem-ber 2006.). Bonn: Bundeszentrale für politische Bildung

Zeit Online (2017): Erdoğan fordert mehr Geld für syrische Flüchtlinge : Hamburg Online ver-fügbar unter: URL: http://www.zeit.de/politik/ausland/2017-09/eu-tuerkei-abkommen-vereinte-nationen-recep-tayyip-erdogan [20.11.2017]

www.ingramcontent.com/pod-product-compliance
Lightning Source LLC
LaVergne TN
LVHW092341011026
849160LV00022B/97
9783956873256